障害学生
支援入門

合理的配慮のための
理論と実践

桑原　斉 ／ 中津真美 ／ 垣内千尋 ／ 熊谷晋一郎　◉著

金子書房

第2章

不当な差別的取扱い

第3章

環境整備（ユニバーサルデザイン）

第4章

合理的配慮以外の個人的なサービス

第5章

意思表明とそれを支える相談体制

第II部
各論：障害種別に考える障害学生支援

第6章
視覚障害

第9章

内部障害（その他の身体障害）

序章

障害学生支援を導く理念と歴史

熊谷晋一郎

　障害のある学生が，キャンパスの中で授業を受けたり，実験・実習をしたり，テストを受けたり，課外活動をしたりするときに，他の学生と平等な機会が保障されるにはどのようにしたらよいのか。本書はそうした課題に応えようとして編まれている。

　障害のある人々を支援する方法は，大きく2つに分類される。1つ目は，薬物治療や手術，心理療法や教育など，本人の心身に変化を与えようとする方法である。そしてもう1つは，本人を取り巻く，建物，道具，制度，文化といった環境に変化を与えようとする方法である。環境調整を行わず，すべてを本人の変化で解決しようとすれば，その支援過程自体が本人に時間的，労力的な過度の負担を与えることになる。しかし，逆に必要な治療や情報を本人に提供せずに，すべてを環境の変化で解決しようとすれば，環境の変化に伴うコストが過度に大きくなるだけでなく，本人が支援の中心的な位置から外れて環境変化が自己目的化することになりかねない。

　これら2つの支援方法は，互いに補完し合うものである。実際，環境をどのように変化させれば機会の平等が実現するかを計画するには，本人の心身の状況に関する知識が必要であるし，逆に，本人の心身をどのように変化させることが本人の意向に沿うものになるのかについては，置かれた環境に依存する。

心身に関する知識が環境調整を可能にし，環境に関する知識が心身へのサポートの方向性を決める。

　本書は，障害のある学生の支援経験をもつ著者が，実践現場で時に難しいこの２つのアプローチの最適な配合に特に留意しながら，類書にない踏み込んだ記載をしている。ゆえに，ところどころ論争的な記述もあるが，障害学生支援が「why not? but how?」の段階に入った今，こうした議論もまた避けられない。

　序章では，具体的な内容に入る前に，学生に限らず，障害のある人を支援するすべての人々が押さえておくべき，基本的な理念に関して，いくつかのキーワードを挙げつつ解説する。どんなにノウハウやマニュアルを積み上げても，現場では必ず，そこから零れ落ちる個別事例と出合う。そのときにオペレーションを導くのが理念である。正解のない支援現場の中で，目の前の学生と対話を行うだけでなく，ここで述べる理念とも対話を行わなくてはならない。

1 ｜ 障害の社会モデル

　支援者は，障害のある人の意思やニーズと，それを満たす社会資源をつなぐ仕事を行う。ニーズと社会資源をつなぐ専門性は，一般的にソーシャルワークと呼ばれている。

　建物にしろ，道具にしろ，サービスにしろ，世の中の社会資源は，大なり小なり，平均的な身体をもった，いわゆる多数派にとって使いやすいようにデザインされている。したがって多数派は，フォーマルな支援を受けなくても，自分の意思やニーズを満たす社会資源を容易に見つけることができるかもしれない。しかし，目の見え方や耳の聞こえ方，情報処理の仕方，体の動かし方，内臓の機能などの面で，多数派と異なる身体をもつ人々は，なかなか自分のニーズを満たす社会資源を見つけ出すことが困難な状況に置かれている。こうした「多数派向けにデザインされた社会環境の中で，少数派の身体をもつ人々が経験する困難こそが障害である」という障害の捉え方を，「障害の社会モデル（social model of disability）」という。

　日本政府は，「障害者の権利に関する条約（CRPD）」に，2007年に署名，

2014年に批准した。そして，CRPDと矛盾しないように，改正障害者基本法，障害者差別解消法，改正障害者雇用促進法，障害者総合支援法などの国内法が，新たに作られたり改正されたりした。CRPDを理解するうえで最も重要なキーワードが，先ほど述べた社会モデルである。CRPDの前文では，「障害（disability）が，機能障害（impairment）のある人と態度及び環境に関する障壁との相互作用であって，機能障害のある人が他の者との平等を基礎として社会に完全かつ効果的に参加することを妨げるものから生ずることを認め」と宣言されている。ポイントは，社会環境と個人との「間」に生じるミスマッチを表す「障害（disability）」という概念と，少数派の身体の「中」に存在する特性を表す「機能障害（impairment）」という概念が明確に区別されている点である。そのうえで，機能障害をなくすことではなく，障害をなくすことを目標として設定するというのが，現代における標準的な障害へのアプローチである。

2 | スティグマ

　社会モデルに関するCRPDの説明には，障害は「機能障害のある人と態度及び環境に関する障壁との相互作用」と書いてあることはすでに述べた。つまり，建物や道具，サービスや制度といった環境だけでなく，人々の「態度」も障壁となり得るという視点が明示されているのである。例えば，地域の中にグループホームを建設しようとしたところ，住民から反対運動が起きたという場合，地域住民がもっている障害のある人々への差別的な態度が障壁となっている。こうした，態度のレベルで起きる障壁は，スティグマ（stigma）という概念を用いて研究されてきた。

　私たちは，「障害者」「同性愛者」「女性」「医師」「教師」など，さまざまな属性を使って人々を分類している（ラベリング）。本当は障害者と十把一絡げにはできず，1人ひとりは個性をもっているのに，障害者全体をひとくくりにした典型的なイメージ（ステレオタイプ）をもちがちである。さらに，一部の属性に対しては偏ったネガティブな価値観（偏見）をもち，その人たちを地域社会から隔離したり，社会的ステイタスを奪ったりといった形で，差別的に扱

ったりすることさえある。スティグマは，権力勾配（力の差）の下で，一部の属性に対してこうしたラベリング，ステレオタイプ，偏見，差別が起きる現象のことである。ラベリング，ステレオタイプ，偏見は心の中にあるスティグマだが，差別はスティグマが行動を伴って現れ出たものであり，差別解消法はこの行動面の差別に介入しようとするものである。

　スティグマ現象は，その属性をもった人から，住居を奪ったり，雇用や収入を奪ったり，教育機会を奪ったり，人間関係を奪ったり，心身の健康を奪ったりすることが証明されている。障害のある人々への支援を行う専門家は，人権と社会正義の原理を重んじ，キャンパス内や地域社会の中に蔓延るこのスティグマ現象に対しても立ち向かわなくてはならない。

3 ｜ エンパワメント

　社会資源が少ないと，なけなしの社会資源から支配される危険性が高まる。例えば，食事や入浴，家事や移動など，生存権にかかわる生活の基礎的な活動の部分で，24時間介助が必要な障害者の場合，介助をお願いできるのが家族や少数の介助者だけだとしたら，家族や介助者の事情に合わせて障害者は自分のニーズを抑え込むしかなくなる。あるいは，過度の介助負担に追い詰められた家族や介助者が，障害者に暴力をふるった場合でさえ，他に生きていく術のない障害者はそのような人権を奪われた虐待的な状況に甘んじなければならなくなる。このように，多くの社会資源をもつ人と，少数の社会資源しかもたない人の間には，力の差（権力勾配）が生じる。支援者には，障害のある人々が支配や虐待から逃れ，自由と尊厳をもって自らの意思に基づく人生を生きていくために，豊かな社会資源とつなぐ役割が求められる。そしてそのことは，力を奪われた障害者が力を取り戻し，権力勾配を是正する営みであり，エンパワメントと呼ばれる。

　ソーシャルワークの歴史を振り返ると，どのような経緯でエンパワメントの考え方が興隆してきたかがわかる。1960年代以前はソーシャルワークの第1期であった。ここでは，ソーシャルワークを導くものは，診断なのかそれとも意思なのかが論争点だった。1930年代まではアダムズらのソーシャル・ケー

スワーク・モデルの流れをくむ，「診断」や「症状」を重視した「診断派」が主流だった。しかし1940年代に入ると，これを批判する形で，本人の意思やニーズと，社会資源をつなぐことを重視する「機能派」が台頭してきた。さらに1950年代には，診断派と機能派の両者の折衷を図る試みが登場し，パールマンの提唱した「問題解決アプローチ」に至った。

1960年代は第2期である。ここでは，変わるべきは個人なのかそれとも社会なのかが問われた。1950年代から60年代にかけて，ベトナム戦争，人種問題，公害，失業，貧困などの社会問題が噴出した。このような社会背景の中で，障害者運動を含むさまざまなマイノリティの解放運動が活発化し，社会問題を個人の問題にすり替えてしまいがちなソーシャルワークが，社会変革による解決を求める当事者を抑圧しているという批判がなされ，心理社会的アプローチ，行動修正アプローチ，家族療法，危機介入など多様な実践モデルが乱立した。

1970～1980年代は第3期であり，それまでの「診断か意思か」「個人か社会か」といった二項対立を乗り越えるべく，ゴールドシュタインの「一元化アプローチ」，ピンカスとミナハンの「統合理論」，ジャーメインやギッターマンの「生活モデル」，メイヤーやジョンソンらのエコシステム論に基づく「ジェネラリスト・アプローチ」など，生態学やシステム論に基づき，当事者や，当事者の置かれている状況を全体的・統合的に把握し，問題を単純的な因果関係で捉えるのではなく，さまざまな要因の複雑な関係性の問題として捉えるソーシャルワーク論が登場した。

1990年代以降，現代にいたるソーシャルワークは第4期である。第3期のシステム理論は抽象的で，実践現場に応用するには困難であり，多数派と少数派の権力の格差，少数派固有の生活世界や生きられた経験（lived experience）を軽視しがちであるという批判があった。そうして，ジェネラリスト・アプローチを補完する形で，フェミニズム・アプローチ，ストレングス・アプローチ，エンパワメント・アプローチ，ナラティブ・アプローチなど新しいソーシャルワークの実践モデルが発展した。第4期に共通しているのは，当事者の力を尊重し，社会の権力勾配を是正し，当事者による主観的な問題の定義づけや，状況の意味づけ，目標の設定を重視する点にある。

いずれにせよ，現代的なソーシャルワークは，システム理論に基づいて全体

を俯瞰し，客観的・中立的な立ち位置から支援をしようとする第3期ではなく，力と責任を奪われたマイノリティと，力と責任をもちすぎている多数派を見分け，マイノリティの主観的な世界観に寄り添いながら，力と責任の不均衡を是正しようとする。主観的世界に寄り添うナラティブ・アプローチと，力の勾配の是正を重視するエンパワメント・アプローチは，第4期を特徴づけるものであり，キャンパス内で支援を行う場合にも，第3期ではなく，第4期を常に意識する必要がある。

4 意思決定支援と社会資源の創出

　意思やニーズと，資源をつなぐためには，障害のある人の意思やニーズがどのようなものかについての知識と，どのような資源が本人や環境に存在しているのかについての知識の2つが必要になる。もしも，あらかじめこの2つの知識が明らかで，その間をつなぐことが仕事のすべてなら，それほど難しいことではない。しかし実際には，支援は単につなぐだけの仕事ではない。

　まず，意思やニーズが何なのか，すぐにははっきりしない場合がある。例えば，知的障害や発達障害，精神障害などのために，情報の入力やその処理，行動表出の仕方が，多数派の人々と異なったスタイルをもっているために，どのような意思やニーズをもっているかがすぐにはわからないような場合や，社会資源の選択肢を知らないために選びとれない場合，何らかの葛藤を抱えているためにそもそも自分が何を望んでいるのかわからない場合などである。こうした状況で本人中心の支援を行うために必要なのが，意思決定支援である。

　意思決定支援において押さえておかなくてはならないのは，意思決定支援は，日常的にすべての人が利用しているものであるという点である。意思決定支援とは特別なことではない。健常者も含む誰もが，夕食を何にするか，進路をどうするか，転職をするか，誰と暮らすかなど，毎日の意思決定を行ううえで膨大な支援を受けている。ここでいう支援とは，本やインターネットなどで自分に理解できる情報を得ること（情報保障），自分と類似した状況にある人に相談すること（ピア・サポート），試しに選択肢を体験してみること（選択経験の保障），顔色や言動から周囲の人が自分も気がついていない自分のニーズに

ついてアドバイスをもらうこと（身体反応のフィードバック）などを意味する。こうした支援がなければ，健常者といっても意思決定できない。

　しかし，社会に流布している情報のやりとりの仕方や，コミュニケーションのスタイルは，多数派が使い勝手が良いようにデザインされているために，意思決定に必要な上記のような情報やコミュニケーションにアクセスできず，決定が困難になる少数派がいる。彼らがアクセス可能な形式で，情報やコミュニケーション，相談や選択肢の体験を提供し，意思決定のサポートをすることが，狭義の意思決定支援である。

　意思がはっきりしている場合でも，現状で手に入れることのできる社会資源が限られている場合，妥協とあきらめによって意思やニーズを抑え込んでしまうこともあるだろう。しかも，やがて意思やニーズを抑え込んでいること自体に慣れてしまうこともある。そのような場合には，本人が表明している意思やニーズのみから社会資源を組み立てるのではなく，機会の平等という人権の視点から，本人が抑え込んでしまっている潜在的なニーズを支持し，場合によっては，世の中にまだ存在していない新しい社会資源の創出を行うのも支援の仕事である。

5 ｜ おわりに

　2000年7月27日に，国際ソーシャルワーカー連盟総会において採択されたソーシャルワークの定義は，次のようなものである。

　「ソーシャルワーク専門職は，人間の福祉（ウェルビーイング）の増進をめざして，社会の変革を進め，人間関係における問題解決を図り人々にエンパワメントと解放を促していく。

　ソーシャルワークは人間の行動と社会システムに関する理論を利用して，人々がその環境と相互に影響し合う接点に介入する。人権と社会正義の原理は，ソーシャルワークの拠り所とする基盤である。」

　特に，①社会変革をも射程に入れていること，②差別や社会資源の欠乏によ

って力を奪われ隔離された人々が力を取り戻し（エンパワメント），解放される支援をすること，③本人が明言した意思やニーズを超えて人権と社会正義の原理に基づいて行動することなど，ソーシャルワークが単に「つなぐ」だけの専門性ではないことがポイントである。

　さらにもう1つ，本書に即して論点を加えるとすれば，他ならぬ大学という，人類の英知が集積している場でしか行えないソーシャルワークは何なのか，という点についても，キャンパス内でソーシャルワークを担う支援者は考えておく必要があるだろう。筆者自身，障害のある学生だったころ，さまざまな困難を乗り越えるヒントを，政治学，経済学，社会学など，身近にある学知や，それをめぐって学友たちと夜通し行った青臭い議論によってもらえたと自覚している。こうした豊かな学知や，自由な議論の場は，キャンパスにしかない豊かな社会資源である。こうしたキャンパス資源と，目の前の障害学生の意思やニーズをつないだり，障害学生の声を起点に新しい学知を創出したりすることも必要だろう。

第 I 部

総論：合理的配慮提供のための理論

第 1 章

合理的配慮

この章で学ぶべきこと

- 高等教育機関において，合理的配慮を提供することが義務となる状況について理解する。
- 高等教育機関において提供される合理的配慮の内容について，何をもって合理的と判断するか理解する。

1 はじめに

　2016年4月に「障害を理由とする差別の解消の推進に関する法律」（以下，障害者差別解消法）が施行された[1]。障害者差別解消法は行政機関等及び事業者に合理的配慮を提供することを義務付けており，行政機関等では「障害を理由とする差別の解消の推進に関する基本方針」（以下，基本方針）に基づいた職員対応要領を制定することで，適切に対応することを求めている[2]。

　高等教育機関における合理的配慮については，「教職員のための障害学生修学支援ガイド[3]」，「文部科学省所管事業分野における障害を理由とする差別の解消の推進に関する対応指針[4]」など公的なガイドラインをはじめ，多くの報告で具体例が提示されている。しかし，配慮の提供が合理的だと判断するための要件については，実務に耐える明確な論述が乏しい。またこれらの報告では，障害について論じる共通の枠組みの設定が不十分で，検討を困難にしているかもしれない。

　本章は，障害者差別解消法，基本方針を参照し，高等教育機関で提供される配慮が合理的だと判断するための要件について述べることを目的とした。また，

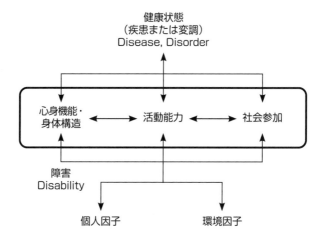

図1-1　疾患と生活機能

論述の前提となる障害概念として国際生活機能分類（International Classification of Functioning, Disability and Health: ICF）[5, 6]の枠組みを参照した。

ICFでは，疾患（disease or disorder）と，障害（disability）を概念として分け，障害を，より生物学的な異常である機能障害（impairment）から，個人の活動能力の困難である，活動制限（activity limitation），社会参加の実行状況の困難である，参加制約（participation restriction）に分類している。ICFの特徴は，これらの障害に影響を及ぼす因子として環境因子を規定・分類することで，障害が障害者本人の疾患あるいは機能障害から生じるのではなく，環境因子との相互作用で生じる困難であることを明確にしたことである。なお，環境因子と対置する個人因子も規定されているが個人因子の取扱いについては分類・概念とも曖昧で，疾患，障害，環境因子で記載できない経歴や心理的な要素など，諸所の要素を記述的に記載する因子となっている（図1-1）。

2 障害者差別解消法における合理的配慮

障害者差別解消法第七条二「行政機関等は，その事務又は事業を行うに当たり，障害者から現に社会的障壁の除去を必要としている旨の意思の表明があった場合において，その実施に伴う負担が過重でないときは，障害者の権利利益を侵害することとならないよう，当該障害者の性別，年齢及び障害の状態に応じて，社会的障壁の除去の実施について必要かつ合理的な配慮をしなければならない。」が，合理的配慮の提供義務について規定した条文である。なお，事業者（障害者差別解消法では，行政機関等を除いた同種の行為を反復継続して行う者を事業者と定義づけている[7]）に関しては，同法第八条二に「事業者は，その事業を行うに当たり，障害者から現に社会的障壁の除去を必要としている旨の意思の表明があった場合において，その実施に伴う負担が過重でないときは，障害者の権利利益を侵害することとならないよう，当該障害者の性別，年齢及び障害の状態に応じて，社会的障壁の除去の実施について必要かつ合理的な配慮をするように努めなければならない。」と規定されている。

条文には，大きく分けて，合理的配慮を提供するべき状況と合理的配慮の内容が規定されている。以下，状況と内容に分けて論じる。

3 | 合理的配慮を提供するべき状況

3.1　合理的配慮を提供するべき状況の要件

　前述した障害者差別解消法第七条二（第八条二）の前半部分，「行政機関等（事業者）は，その事務又は事業を行うに当たり，障害者から現に社会的障壁の除去を必要としている旨の意思の表明があった場合」が合理的配慮を提供することが義務付けられている状況だと考えられる。合理的配慮を提供するべき状況であることは，次の5つの要件で構成されている。

　5つの要件は，ⅰ）合理的配慮を提供する主体が行政機関等あるいは事業者であること，ⅱ）合理的配慮の提供を受けるものが障害者であること，ⅲ）合理的配慮を提供する状況が行政機関等あるいは事業者の実施する事務又は事業に含まれること，ⅳ）障害者が社会的障壁の除去を必要としている状況であること，ⅴ）障害者が意思の表明を行うこと，であり，ⅰ）〜ⅴ）の要件を満たす場合に合理的配慮を提供するべき状況であると考える。以下に各要件について考察する。

3.2　行政機関等と事業者

　行政機関等は「国の行政機関，独立行政法人等，地方公共団体（地方公営企業法（昭和二十七年法律第二百九十二号）第三章の規定の適用を受ける地方公共団体の経営する企業を除く。第七号，第十条及び附則第四条第一項において同じ。）及び地方独立行政法人をいう。」と障害者差別解消法で定義されている。[1] 内閣府が公表した「障害を理由とする差別の解消の推進に関する法律Q&A〈地方公共団体向け〉」には「独立行政法人等」の範囲について，「理事長などを大臣が任命している法人，又は政府が出資することができる法人を原則として対象とすること想定している」と記載されている。[7]

　国立大学法人に政府は出資しており，学長は文部科学大臣に任命されるので[8]独立行政法人等に含まれると考えられる。したがって，「1　はじめに」でも述べたが，国立大学法人は障害者差別解消法第七条二を遵守する義務がある。ま

た，国立大学法人以外の公立大学法人は地方独立行政法人なので，やはり行政機関等として扱われる。高等専門学校に関しては，独立行政法人である国立高等専門学校機構が設置する場合，地方公共団体が設置する場合，地方独立行政法人である公立大学法人が設置する場合などさまざまであるが，独立行政法人あるいは地方公共団体が設置する場合は，行政機関等に準ずる対応が必要である。

　一方で，上記の行政機関等に含まれない高等教育機関（私立の高等教育機関）は，事業者の扱いになり，第八条二の遵守が義務付けられる。違いは条文の末尾の「配慮をしなければならない」と「配慮をするように努めなければならない」の違いであり，私立の高等教育機関における合理的配慮は努力義務ということになる。努力義務は実務においては取扱いが難しい。事業者のポリシーに委ねられることになるが，法律施行後のモニタリングと，見直しが必要だと考えられる。実際に，障害者差別解消法の施行3年後の見直しを経て，2021年3月（本稿執筆時）の時点では，事業者（私立の高等教育機関を含む）にも合理的配慮を義務化する改正法案が政府・国会で審議されている。

3.3　障害者

　障害者は「身体障害，知的障害，精神障害（発達障害を含む。）その他の心身の機能の障害（以下「障害」と総称する。）がある者であって，障害及び社会的障壁により継続的に日常生活又は社会生活に相当な制限を受ける状態にあるものをいう。」と障害者差別解消法で定義されているが，範囲は明確ではない。

　法律で権利を保障する障害者の適格性の判断には議論があり，十分なコンセンサスがあるわけではない。[9,10]日本では身体障害者手帳，療育手帳，精神障害者保健福祉手帳の所持者であれば，適格性を否定することはできない。障害者差別解消法で判断を曖昧にしている概念は，「その他の心身の機能の障害がある者であって，障害及び社会的障壁により継続的に日常生活又は社会生活に相当な制限を受ける状態にあるもの」だと考えられる。

　「その他の心身の機能の障害」について，疾患（diseaseあるいはdisorder）がある場合とない場合に分けて考察する。

身体障害者手帳，療育手帳，精神障害者保健福祉手帳の所持者ではないが，疾患がある場合は，原則何らかの生理学的な機能障害が想定され，その機能障害を測定・判定できなくても，機能障害がないとは判断し難い。国際疾病分類第10版（International Classification of Diseases, Tenth Revision: ICD-10）[13] あるいは精神疾患であれば，精神疾患の診断・統計マニュアル（Diagnostic and Statistical Manual of Mental Disorders, Fifth Edition: DSM-5）[14] 等，標準的診断基準を用いて疾患があることが診断されていれば，「その他の心身の機能の障害」があると判断するのが妥当だと考える。一方で，標準的診断基準に分類されていない疾患を基に「その他の心身の機能の障害」があると判断するためには，その疾患概念の医科学的な根拠が求められるであろう。

　身体障害者手帳，療育手帳，精神障害者保健福祉手帳の所持者ではなく，疾患の診断もない場合は，機能障害の測定法・判定法が問題になる。機能障害はICFで分類されているが，具体的な測定法・判定法の基準はない。この場合において「その他の心身の機能の障害」があると判断する時には，測定法・判定法に関して生物学的異常との関連を含めて，医科学的根拠がなければ判断に疑念が生じる可能性がある。聴覚障害，視覚障害，肢体不自由，知的障害については測定法・判定法がある程度確立しているが，知的障害以外の精神機能の異常に関する判断は難しい。精神機能については現在，米国National Institute of Mental Health（NIMH）で進められている，Research Domain Criteria（RDoC）[15] による，包括的脳機能の基準が完成すれば，測定・判定の問題は解消されるかもしれないが，未だ実用には供されていない。

　「社会的障壁」は「障害がある者にとって日常生活又は社会生活を営むうえで障壁となるような社会における事物，制度，慣行，観念その他一切のものをいう。」と障害者差別解消法で定義されている。何らかの環境因子が障害者の活動・参加における実行状況を制限・制約する阻害因子として作用している時，その阻害因子としての作用が社会的障壁だと考えられる。すべての環境因子が阻害因子として作用し得る一方で，阻害因子としての作用を客観的に評価できる基準はない。[16]

　「日常生活又は社会生活に制限を受ける状態」については，何らかの活動・参加の実行状況における制限・制約に当たると考えられる。活動制限・参加制

約は測定・判定が可能だが、「努力を要する」「不快さまたは苦痛」「時間がかかる」「活動する方法を変える」という要素で評価されるので、本人が困難の存在を主観的に訴えた場合、それを客観的に否定することは事実上できない。[16)]

　身体障害者手帳、療育手帳、精神障害者保健福祉手帳の所持者ではない場合は、機能障害及び環境因子のため、活動・参加を制限・制約されている状態であることについて、因果関係があると判断されている必要がある。しかし、機能障害と活動制限・参加制約の因果関係を体系的に判断する基準はない。機能障害の性質と活動制限・参加制約に概ね矛盾がないことで判断されることになるが、これは逆に考えると機能障害がある場合に活動制限・参加制約への影響がないものと客観的に否定することは難しいということになる。環境因子については、社会全体がユニバーサルデザインに基づいて設計されていないとしたら、何らかの環境因子が阻害因子としての作用を持ち得るので、事実上機能障害がある場合、障害者であることを客観的に否定する状況は少ない。

　一方で機能障害が不確かな場合でも、疾患及び環境因子との相互作用のため、活動・参加を制限・制約されている状態であることについての説明でICFが定義する障害（disability）の説明は成立するので、障害者であると判断しても許容されると考える。例えば、精神障害者保健福祉手帳の診断書は必ずしも機能障害の記載を求めておらず、[17)]機能障害の証明がなくても疾患の証明があれば障害にあたるとする考え方を支持すると思われる。

　教育の現場では医学・保健の専門家の判断を得ることに難渋することが指摘されており、[18)]留意が必要な点になる。また、医学的な診断を基に適格性を判断することには批判があるが、批判の内容の多くは、疾患もしくは機能障害だけでは、支援戦略を検討するためには不十分だということであり、[10)]このような批判には、合理的配慮の具体的内容を検討する際に、活動・参加（「日常生活又は社会生活に制限」）、環境因子（「社会的障壁」）、個人因子を踏まえることで、ある程度は応えることができるものと思われる。

　「継続的」「相当」については、範囲を判断する根拠がなく、「継続的」「相当」であることを証明することができない。同様に、「継続的」「相当」ではないことを理由に適格性を否定することもできないので、現時点では「継続的」「相当」は適格性の判断には利用しがたい要素だと考えられる。

3.4 事務又は事業

　機能障害（あるいは疾患）及び環境因子のため，活動・参加を制限・制約されている状況において，配慮の対象になる阻害的な環境因子が，高等教育機関が提供する事務又は事業に含まれることが，要件になると考える。

　以下のように，高等教育機関が提供する事務又は事業は多岐にわたるが，配慮の対象になる環境因子が，高等教育機関が提供する事務又は事業に含まれるか否かの判断は，原則的に高等教育機関の責任で決定されることになる。

　例えば，国立大学法人法第22条で国立大学法人は，次の業務を行うと規定されている。[8]「1　国立大学を設置し，これを運営すること。2　学生に対し，修学，進路選択及び心身の健康等に関する相談その他の援助を行うこと。3　当該国立大学法人以外の者から委託を受け，又はこれと共同して行う研究の実施その他の当該国立大学法人以外の者との連携による教育研究活動を行うこと。4　公開講座の開設その他の学生以外の者に対する学習の機会を提供すること。5　当該国立大学における研究の成果を普及し，及びその活用を促進すること。6　当該国立大学における技術に関する研究の成果の活用を促進する事業であって政令で定めるものを実施する者に対し，出資（次号に該当するものを除く。）を行うこと。7　産業競争力強化法（平成二十五年法律第九十八号）第二十二条の規定による出資並びに人的及び技術的援助を行うこと。8　前各号の業務に附帯する業務を行うこと。」

　大学設置基準には，大学が提供すべき環境因子の最低基準が定められている。[19]大学設置基準第一九条2には，「大学は，当該大学，学部及び学科又は課程等の教育上の目的を達成するために必要な授業科目を自ら開設し，体系的に教育課程を編成するものとする。」とされており，教育課程を学生に提供することが根拠づけられている。これはICFでは環境因子である「教育と訓練のサービス」に分類される。教育課程は授業科目から構成されている。授業科目の内容は必修科目，選択科目，自由科目に分類され，授業の方法は講義，実習，演習，実験，実技に分類される。また，高等教育機関は，教育課程の提供に付随する，さまざまな「生産品と用具」（校地，校舎等の施設及び設備等），「支援と関係」（教員・職員）を提供しており，これらの提供も事務又は事業の一部であ

る。教育課程提供の前後には，入学者選抜，学位の授与（授業科目を履修した学生に対し試験を行い，単位を授与し，所定の単位数を修得すると卒業の要件を満たし，卒業した者に，学士，修士，博士等の学位を授与する）をサービスとして提供する。また，所定の学部又は学科では教育研究に必要な施設として附属学校，附属病院等の附属施設を設置することが定められている。

　教育などのサービスは，環境因子と活動・参加，双方の要素により成立していることに留意する必要がある。例えば，高等教育機関が提供する環境因子は教育課程（「教育と訓練のサービス」）であり，本人は教育課程（「高等教育」）に参加するが[20]，配慮を行う対象は活動・参加ではなく，環境因子（事務または事業）としての教育課程である。

　機能障害（あるいは疾患）は，階層的に活動・参加の実行状況を制限・制約し得る。例えば，聴覚機能障害や視覚機能障害の場合に，「読むこと」や「話し言葉の理解」に活動の制限が生じる。その場合，環境因子である「音」（聴覚情報）や「光」（視覚情報）は阻害因子として作用する。しかし，「知識の習得」などより高次の活動に関しては，環境因子は授業方法（講義，実習，演習，実験，実技），試験の方法であり，「読むこと」や「話し言葉の理解」が「知識の習得」に必要な構成である場合に，阻害因子として作用する。さらに，「読むこと」や「話し言葉の理解」が「知識の習得」に必要な構成になっている「授業の履修」がカリキュラムの参加に必須であれば，教育課程自体が阻害的な環境因子だと考える。このように，環境因子及び活動・参加は階層的に構成されている[19,20]ことを踏まえると，事務事業として提供される環境因子と対応する活動・参加を階層に沿って検討したうえで，配慮の対象となる特定の環境因子（事務事業）を同定することが必要になる。

　基本方針では，「合理的配慮は，行政機関等及び事業者の事務・事業の目的・内容・機能に照らし，必要とされる範囲で本来の業務に付随するものに限られること」とされているが，「本来の業務」の範囲は不明確であり，結果として事務又は事業の中で，恣意的に「本来の業務」を規定することが可能だと思われる。この場合，合理的配慮を提供する「本来の業務」において，同じ業務であっても高等教育機関個々の恣意的な規定によって「本来の業務」ではないことを理由に配慮を提供しない事態が生じ得るが，この事態が社会通念上，

許容されるか定かではない。十分妥当な判断基準は考え難いが，事務又は事業の一部である業務であっても「本来の業務」ではないことを理由に合理的配慮を提供するべき状況ではないと判断することは，職員対応要領の作成時等，公的な手続きを経て事前に範囲を明確化してあれば[21]，許容されるかもしれない。逆に徒らに，「本来の業務」ではないことを理由に合理的配慮の提供を拒否することには慎重である必要があるだろう。

3.5 社会的障壁の除去

社会的障壁の除去とは，機能障害（あるいは疾患）及び環境因子のため，活動・参加を制限・制約されている状況で，環境因子を調整することで阻害的な作用を消去することだと考えられる。

配慮の目的が，本人側の要素である機能障害（あるいは疾患）の軽減，活動・参加の能力の向上ではなく，高等教育機関側の要素である環境因子の調整（による実行状況の向上）であることが社会的障壁の除去の要件になると考えられる[22]。

社会的障壁の除去は，「障害者の日常生活及び社会生活を総合的に支援するための法律」（以下，障害者総合支援法）の基本理念にも含まれており，障害者差別解消法に基づく，社会的障壁の除去と整合性をもって運用することが望まれる。以下，障害者総合支援法で支援として給付される医療・訓練，介護・補装具・日常生活用具について考察する。

医療により機能障害（あるいは疾患）が軽減することで，活動・参加の能力が向上することがある[23,24]。また，訓練に継時的に参加することで，機能障害に変化がなくても活動・参加の能力が向上することがあり得る[25]。これらの結果，実行状況の制限・制約の軽減も得られ，環境因子の阻害的な作用を消去できる可能性がある。

一方で，医療（「保健サービス」に含まれる），訓練（「教育と訓練のサービス」に含まれる）の提供は，広義には環境因子の調整であるが，本人の治療，訓練への参加を前提にする。これは「社会モデル」と対置される「医学モデル」[26]での配慮とも考えられ，本人の意思を踏まえずに配慮よりも優先した場合には，基本方針で「社会モデル」を強調する障害者差別解消法の理念に抵触する可能

性がある。

　また，例えば，医療，訓練を国立大学法人法二十二条二の「学生に対し，修学，進路選択及び心身の健康等に関する相談その他の援助を行うこと」（厚生補導の一環とも考えられる）等他の法律・学校規則に沿って提供している場合は，障害者が学生であれば，合理的な配慮ではなく通常の事務又は事業として高等教育機関から提供される医療，訓練として参加することができるであろう。

　介護・補装具・日常生活用具は「支援と関係」「生産品と用具」として本人に提供される。これらの提供により，高等教育機関が事務又は事業として提供する環境因子の阻害的な作用を消去することは可能だが，介護・補装具・日常生活用具の取扱いには議論がある。介護・補装具・日常生活用具を個人的サービス（personal services and devices）であることを理由に合理的配慮としては提供しないという考え方もあるが[27]，障害者差別解消法で配慮として提供できないとした場合，実際には障害者総合支援法[28]による給付も得られずに，双方の法律の谷間（障害者総合支援法は運用をある程度，各自治体に任せているので，自治体外の学校，職場でのサービス利用ができないことが少なくない）で環境因子の阻害的な作用を消去することが困難になる状況はあり得る。障害者差別解消法の意図は社会的障壁の除去であることを踏まえると，これらの個人的サービスを配慮の可能性から排除し難い。このように，医療・訓練，介護・補装具・日常生活用具の位置づけには十分なコンセンサスがないが，障害者差別解消法と障害者総合支援法を，健康状態，機能障害，活動・参加，環境因子，個人因子を広く包含した「統合モデル」に沿って高等教育機関と「地域」の垣根を越えて運用することで，谷間を埋めることができるかもしれない。

　障害者総合支援法で支援として給付される医療・訓練，介護・補装具・日常生活用具は，利用する活動・参加の場面を本人がある程度選択できることが利点である。このことを踏まえると，現時点では，障害者総合支援法の給付，あるいは医療・訓練の提供については例えば，国立大学法人法二十二条二の[8]「学生に対し，修学，進路選択及び心身の健康等に関する相談その他の援助を行うこと」等の法律・学校規則の利用を優先しても良いであろう。一方で，障害者総合支援法，あるいは国立大学法人法二十二条二に基づく給付では，社会的な障壁を除去するには不十分なサービスであり，事務又は事業として提供する環

境因子の阻害的な作用が残存する時には，医療・訓練，介護・補装具・日常生活用具を障害者差別解消法の範囲で提供する選択肢はあり得るだろう。これらのサービスは現時点では障害者差別解消法で提供する配慮に含むことには慎重にならざるを得ないであろうが，配慮として提供する可能性を排除するには議論が不十分であり，今後の検討を待つ必要がある。これらの支援については，第4章「合理的配慮以外の個人的サービス」で詳述する。

3.6 意思の表明

　意思表明をする旨が，配慮の内容ではなく，社会的障壁の除去だということに留意する必要がある。つまり障害者は，実行状況を制限・制約する環境因子（阻害因子）を同定し，阻害的な作用を消去することについて意思表明することになり，高等教育機関は，配慮の内容についての可否を決めるのではなく，何らかの手段を用いて阻害的な作用を消去する責任を負うことになる。

　配慮の内容の決定プロセスについて基本方針では，「当該障害者が現に置かれている状況を踏まえ，社会的障壁の除去のための手段及び方法について，『(2)過重な負担の基本的な考え方』に掲げた要素を考慮し，代替措置の選択も含め，双方の建設的対話による相互理解を通じて，必要かつ合理的な範囲で，柔軟に対応がなされるものである。」とされている。[2] 社会的障壁を除去するという目的は，障害者，高等教育機関で法律上の規定に従って共有されるが，配慮の内容という手段は，本人の要望と高等教育機関の負担を互いに開示したうえでの相互理解に基づいて決定されることになる。

　障害者差別は大きく3つに分類される。[29] 1つ目は直接差別であり，不当な差別的取扱いとして，障害者差別解消法に規定されている。正当な理由なく異なる取扱いを行うことで，障害者の権利利益を侵害することであり，行政機関等及び事業者が行う事務又は事業において禁止されている。これは意思の表明がなくても，行政機関等あるいは事業者が異なる取扱いをした時点で差別が成立する。高等教育機関が事務又は事業として提供するサービスが正当な理由がなく提供されない場合に，不当な差別的取扱いにあたると考えられる。一方で，正当な理由が成立する場合には，本人の意思表明がなくても異なる取扱いを行うことが許容されるが，正当な理由が成立する要件は，本人，高等教育機関，

第3者の権利利益を侵害する状況以外には，考え難い。不当な差別的取扱いについては，第2章「不当な差別的取扱い」にて詳述する。

2つ目は間接差別である。これは，障害者差別解消法には明確に規定されていないが，同じ取扱いが結果として，障害者の権利利益を侵害することである。ユニバーサルデザインに基づく設計（権利条約）を事前に行うことで，同じ取扱いが権利利益の侵害とならないように環境を整備することで対応される。間接差別も，意思の表明がなくても成立する。実行状況を制限・制約する環境因子（阻害因子）が存在していれば，その時点で広義には間接差別が成立するので，実務的にすべてを禁止とすることは難しい。間接差別については，第3章「環境整備（ユニバーサルデザイン）」で詳述する。

3つ目が合理的配慮の不提供である。これは，「現に社会的障壁の除去を必要としている旨の意思の表明があった場合」に合理的な範囲で異なる取扱いをすることを拒んだ時点で，差別が成立する。社会的障壁の除去について，意思表明をしたと判断することが，合理的配慮を提供するべき状況の前提となる。意思表明をしていなかった，過去の時点での社会的障壁に基づく困難に関連する配慮を現在になって求める場合には，合理的配慮を提供するべき状況とは判断し難いが，この場合でも，過去に間接差別があった事実は残る。

このように意思表明がされることで，高等教育機関において合理的配慮の提供義務が発生することになるが，意思表明を行うためには意思表明を行うための知識・コミュニケーション能力が求められる。意思表明の支援については，第5章「意思表明と相談体制」にて詳述する。

4 ┃ 合理的配慮の内容

4.1　合理的配慮の内容の要件

障害者差別解消法第七条二，第八条二の後半部分，「その実施に伴う負担が過重でないときは，障害者の権利利益を侵害することとならないよう，当該障害者の性別，年齢及び障害の状態に応じて，社会的障壁の除去の実施について必要かつ合理的な配慮をしなければならない（するように努めなければならな

い）」が，合理的配慮が満たすべき内容だと考えられる。合理的配慮の内容は，次の3つの要件で構成されている。

それは，ⅰ）配慮の負担が過重ではないこと，ⅱ）必要な配慮であること，ⅲ）合理的な配慮であること，であり i ）〜ⅲ）の要件を配慮の内容が満たす場合に合理的配慮であると考えられる。以下に各要件について考察する。

なお，「障害者の権利利益を侵害することとならないよう〜配慮をしなければならない」については，前節で考察した合理的配慮を提供するべき状況において，本節で考察する合理的配慮の内容を提供しないことが，障害者の権利利益を侵害することであり，差別であることを規定している。

4.2　配慮の負担が過重ではないこと

基本方針には，「過重な負担については，行政機関等及び事業者において，個別の事案ごとに，以下の要素等を考慮し，具体的場面や状況に応じて総合的・客観的に判断することが必要である。」と記載されている。「以下の要素」としては，事務・事業への影響の程度（事務・事業の目的・内容・機能を損なうか否か），実現可能性の程度（物理的・技術的制約，人的・体制上の制約），費用・負担の程度，事務・事業規模，財政・財務状況が挙げられている。

高等教育機関が所有・雇用する，備品・施設，職員・教員を用いて配慮を提供する場合には，物的制約あるいは人的制約が生じ得る。高等教育機関が所有・雇用する，備品・施設，職員・教員の労務時間は有限であり，配慮の提供のために，他の事務・事業にあてる物的あるいは人的な資源を提供することができずに，他の事務・事業の提供を受ける第3者の権利利益を侵害する事態が生じるようであれば，過重な負担と判断できるであろう。配慮の具体的内容に関しては，技術的な制約が生じ得る。個別の高等教育機関が保持する技術（あるいは修得可能な技術）では不可能な配慮は過重な負担となるであろう。配慮を提供する過程に関しては，体制上の制約が生じ得る。配慮を要する期限までに不可能な調整は，過重な負担と判断できるであろう。配慮の過程には，調整を行う職員・教員の労務時間の他，さまざまな要素が含まれる。調整が不可能であることを説明するためには，個々の要素ごとに生じ得る制約を確実に確認することが必要である。

物的資源，人的資源は，費用に換算して高等教育機関の外部から提供することで，物的制約，人的制約を緩和できる。また，技術的制約，体制上の制約も費用で緩和し得ることもあり得る。費用（予算）についても，有限の所有物なので，配慮のために利用したために，他の事務・事業を実施することができず，他の事務・事業の提供を受ける第3者の権利利益を侵害する程度であれば，過重な負担と判断できるであろう。

　過重な負担は，事務・事業規模，財政・財務状況も踏まえて，総合的に判断されるが，現時点では事務・事業規模，財政・財務状況を基準にして，過重とされる範囲を判断できる基準はない。実務的には，事務・事業への影響，物理的制約，人的制約，技術的制約，体制上の制約を，個々に費用への換算可能性を踏まえて確認し，事務・事業を提供する第3者の権利利益を侵害すること，あるいは不可能であることを客観的に説明できる時に，過重な負担と判断しても良いかもしれない。留意するべきは，過剰な負担であれば必要かつ合理的な配慮を提供しなくても権利利益を侵害したことにはならないとされているが，過剰な負担の判断が妥当ではない時には，障害者の権利利益を侵害する差別にあたると考えられ，行政機関等及び事業者には慎重な検討と十分な説明が求められる。

　なお，過剰な負担を理由に特定の配慮の提供に至らなかったとしても，社会的障壁を放置することはできないので，他の方法で合理的配慮を検討・提供することが求められる。

4.3　必要な配慮であること

　必要な配慮とは，社会的障壁の除去にあたって，阻害的な作用を消去できると想定される特定の環境因子の調整だと考えられる。3.4でも考察したように，機能障害（あるいは疾患）及び高等教育機関が事務又は事業として提供する環境因子のために，活動・参加の実行状況に制限・制約がある特定の状況だという判断が前提になる。

　配慮を提供した後も機能障害（疾患）は原則変化しないが，配慮を提供することで環境因子が，対応する活動・参加の実行状況に阻害的な作用を及ぼさないと予測できることで，必要な配慮だと判断できるであろう。

現在の活動制限・参加制約の評価が主観的な要素を含むことから，配慮を提供した後の実行状況の予測も主観的な要素を含んで評価される。配慮が効果的であると予測できる明確な基準はなく，特定の環境因子の構成要素と機能障害（あるいは疾患）の性質に関する客観的根拠を踏まえて，論理的な矛盾がないことで判断する以外に，必要な配慮であると判断する方法はないものと考える。

　配慮の効果に関する科学的根拠は乏しく，すべての状況を網羅することはできないが，公的なガイドラインは判断を補助するかもしれない。「1　はじめに」で述べた「教職員のための障害学生修学支援ガイド[3]」，「文部科学省所管事業分野における障害を理由とする差別の解消の推進に関する対応指針[4]」等の公的なガイドラインに記載されている配慮の具体例に関しては，配慮に効果があることに一定のコンセンサスがあるものと考えられる。また，機能障害（あるいは疾患）別の公的なガイドラインに記載されている配慮，環境調整の方法が[30,31]，高等教育機関が提供する配慮にも適用できると考えることも可能であろう。

　性別は配慮の提供において，考慮すべき要素ではあるが，「セルフケア」がかかわる特定の状況以外には，判断に与える影響は限定される。年齢については，事務又は事業の提供にあたって，年齢による差異を設けている場合以外には，機能障害（あるいは疾患）が判断に与える影響以上の影響は想定しがたいであろう。

　基本方針には合理的配慮について「障害者でない者との比較において同等の機会の提供を受けるためのものであること」と記載されているが，「同等の機会」については2方向から検討することができる，つまり同等以下である場合と，同等以上である場合である。

　配慮の対象とした，環境因子の阻害的な作用が消去できれば，同等と考えられるであろう。しかしながら，実際には，配慮の提供により阻害的な作用を軽減できたとしても，除去まではできない場合がある。これを，同等以下であるという理由で合理的配慮ではないとしたら，障害者本人の権利利益を侵害する可能性がある。同等であることが前提だとしても，同等以下である配慮を排除することには慎重な議論を要するであろう。同等以下の場合は，概念としても必要であることの範疇に収まる。

　一方で，同等以上の場合については，配慮を提供した結果，特定の環境因子

が促進的に作用するとしたら，同等以上の機会が提供されるものと考えられる。これは，配慮の提供にあたって，促進的な作用が生じない程度に配慮の内容を設定することが可能であれば生じない事態だが，同等で調整することが可能ではないこともあり得る。同等を超える機会を提供する場合には，概念として必要であることの範疇を超えるが，実務のうえでは，同等を超える機会の提供だと明確に判断できない場合は，「同等の機会」と考えることが許容できるであろう。一方で，本人の主観的評価あるいは，機能障害（あるいは疾患）に関する客観的根拠，環境因子に関する客観的根拠から同等を超える機会の提供だと明確に判断できる場合は，厳密には合理的配慮とは言い難い。しかし，同等の機会を提供する調整が困難であり，同等を超える機会を提供しなければ，同等を下回る機会の提供となるのであれば，積極的是正措置であると解釈し，同等を超える機会を提供することは十分に選択肢になり得る。なお，入学試験など，配慮を提供する状況が競争的性質を含む場合には，第3者の権利利益を侵害する恐れがあるので，積極的是正措置として配慮を提供することにはより慎重な検討が必要になる。

4.4 合理的な配慮であること（本質的な変更は行わない）

　基本方針には「合理的配慮は，行政機関等及び事業者の事務・事業の目的・内容・機能に照らし，必要とされる範囲で本来の業務に付随するものに限られること，障害者でない者との比較において同等の機会の提供を受けるためのものであること，事務・事業の目的・内容・機能の本質的な変更には及ばないことに留意する必要がある。」と合理的配慮の要件が記載されているが，「行政機関等及び事業者の事務・事業の目的・内容・機能に照らし，必要とされる範囲で本来の業務に付随するものに限られること，障害者でない者との比較において同等の機会の提供を受けるためのものであること」については必要な配慮であることと重複する。残る要件は，「事務・事業の目的・内容・機能の本質的な変更には及ばないこと」であり，社会的障壁の除去にあたって本質的な変更は行わないことが，合理的な配慮であると判断するための3つ目の要件となる。これは，配慮の対象とする環境因子が，事務・事業の本質を含み，配慮を提供した結果，事務・事業の本質の提供が不可能になる状況である。

本質的な変更であるか否かを検討するためには，環境因子の構成要素を細分化して，本質とされる構成要素を明確にする必要があると考えられる。例えば，授業科目であれば，授業の方法，授業の内容，教材や教室等の要素が考えられる。授業の内容は学術的要件の本質かもしれないが，授業の方法，教材や教室は本質ではないかもしれない。教育課程の階層で考えれば，必修科目は本質かもしれないが，選択科目，自由科目は本質ではないかもしれない。本質ではない環境因子は変更できるが，本質は変更できない。

　提供する特定の環境因子の構成要素が本質であるか否かの判断は，障害者とは独立した要素である。例えば，教育課程であれば，高等教育機関がカリキュラム・ポリシーに沿って判断する以外に，判断する方法がないと思われる。

　前項で考察した，「同等の機会」については，提供する事務・事業が教育である場合，本質の変更ができないために「同等の機会」が提供されないことはないものと考える。この考え方は，高等教育機関が提供する教育の本質が阻害的に作用しないことを，入学者選抜で判断していることが前提になる。教育の本質を規定する，アドミッション・ポリシー，カリキュラム・ポリシー，ディプロマ・ポリシーの整合性が保たれていれば，教育課程，学位の授与の時点でも教育の本質は阻害的に作用しないであろう。3.4で述べたように社会的障壁の同定は階層に沿って行われる。教育を構成する個々の構成要素の阻害的な作用は，個々の構成要素の本質を変更できないために除去できず，「同等の機会」が提供されないかもしれないが，上位の階層である教育課程，学位の授与に関しては，社会的障壁を除去することが可能なはずであり，理論的には「同等の機会」を提供できるものと考えられる。

5 ｜ おわりに

　本章では，高等教育機関で提供される配慮が合理的な配慮だと判断するための要件について，現時点で提示し得る範囲で論じた。絶対的な基準では判断が困難な要素が含まれるが，このような要素に関しては今後，判断の根拠が蓄積されることが待たれる。その一方で，本章で述べた論理は判断の基礎として，合理的配慮の円滑な提供に寄与し，さらなる議論の土台になることが期待される。

【引用・参考文献】

1) 内閣府. 障害を理由とする差別の解消の推進に関する法律 2013 https://www8.cao.go.jp/shougai/suishin/law_h25-65.html.
2) 内閣府. 障害を理由とする差別の解消の推進に関する基本方針 2015 https://www8.cao.go.jp/suishin/sabekai/kihonhoushin/honbun.html.
3) 日本学生支援機構. 教職員のための障害学生修学支援ガイド（平成26年度改訂版）2015
4) 文部科学省. 文部科学省所管事業分野における障害を理由とする差別の解消の推進に関する対応指針 2015 https://www.mext.go.jp/component/a_menu/education/micro_detail/__icsFiles/afieldfile/2019/04/11/1339465_0100.pdf.
5) 世界保健機構 ICF 国際生活機能分類――国際障害分類改訂版 中央法規出版 2001
6) Cieza A., Fayed N., Bickenbach J., et al.: Refinements of the ICF Linking Rules to strengthen their potential for establishing comparability of health information. *Disability Rehabilitation*, 41; 574-583, 2019.
7) 内閣府. 障害を理由とする差別の解消の推進に関する法律Q＆A集 2013 https://www8.cao.go.jp/shougai/suishin/pdf/law_h25-65_ref2.pdf.
8) 文部科学省: 国立大学法人法. 2003.
9) Hollenweger J.: Development of an ICF-based eligibility procedure for education in Switzerland. BMC Public Health, 11 Suppl 4; S7, 2011.
10) Hollenweger J., Moretti M.: Using the International Classification of Functioning, Disability and Health Children and Youth version in education systems: a new approach to eligibility. *American Journal of Physical Medicine & Rehabilitation*, 91; S97-102, 2012.
11) Susser M.: Disease, illness, sickness; impairment, disability and handicap. *Psychollogical Medicine*, 20; 471-473, 1990.
12) Kandel E.R.: A new intellectual framework for psychiatry. *American Journal of Psychiatry*, 155; 457-469, 1998.
13) 世界保健機構. International Statistical Classification of Diseases and Related Health Problems 2013 https://www.mhlw.go.jp/toukei/sippei/.
14) AmericanPsychiatricAssociation. Diagnostic and Statistical Manual of Mental Disorders-Fifth Edition. Arlington, VA: American Psychiatric Association; 2013.
15) Casey B.J., Craddock N., Cuthbert B.N., et al.: DSM-5 and RDoC: progress in psychiatry research? Nat. Rev. Neurosci., 14; 810-814, 2013.
16) 世界保健機構. Manual for WHO Disability Assessment Schedule WHODAS 2.0. 2012 https://www.who.int/standards/classifications/international-classification-of-functioning-disability-and-health/who-disability-assessment-schedule.
17) 東京都. 精神障害者保健福祉手帳診断書の記載方法 2018 https://www.fukushihoken.metro.tokyo.lg.jp/chusou/fukushitecho/techo_iryokikan.files/sinndannsyokisaipdf.pdf.
18) Moretti M., Alves I., Maxwell G.: A systematic literature review of the situation of the International Classification of Functioning, Disability, and Health and the International Classification of Functioning, Disability, and Health-Children and Youth version in education: a useful tool or a flight of fancy? *American Journal of Physical Medicine & Rehabilitation*, 91; S103-117, 2012.
19) 文部科学省. 大学設置基準 1956 https://www.mext.go.jp/b_menu/shingi/chousa/koutou/053/gijiroku/__icsFiles/afieldfile/2012/10/30/1325943_02_3_1.pdf.
20) Hollenweger J.: MHADIE' s matrix to analyse the functioning of education systems. *Disability and Rehabilitation*, 32 Suppl 1; S116-124, 2010.
21) 国土交通省. 国土交通省所管事業における障害を理由とする差別の解消の推進に関する対応指針 2015 https://www.mlit.go.jp/common/001108694.pdf.

22) Maxwell G., Alves I., Granlund M.: Participation and environmental aspects in education and the ICF and the ICF-CY: findings from a systematic literature review. *Developmental Neurorehabilitation*, 15; 63-78, 2012.

23) Watanabe T., Kuroda M., Kuwabara H., et al.: Clinical and neural effects of six-week administration of oxytocin on core symptoms of autism. *Brain*, 138; 3400-3412, 2015.

24) Dawson G., Rogers S., Munson J., et al.: Randomized, controlled trial of an intervention for toddlers with autism: the Early Start Denver Model. *Pediatrics*, 125; e17-e23, 2010.

25) Green J., Charman T., McConachie H., et al.: Parent-mediated communication-focused treatment in children with autism (PACT): a randomised controlled trial. *Lancet*, 375; 2152-2160, 2010.

26) Ruggieri A.P., Elkin P.L., Solbrig H., et al.: Expression of a domain ontology model in unified modeling language for the World Health Organization International classification of impairment, disability, and handicap, version 2. *Proc. AMIA Symp.*; 573-577, 2001.

27) United States Department of Justice. The Americans with Disabilities Act Title II Technical Assistance Manual 1993 https://www.ada.gov/taman2up.html.

28) 厚生労働省. 障害者の日常生活及び社会生活を総合的に支援するための法律 2012 https://www.mhlw.go.jp/seisakunitsuite/bunya/hukushi_kaigo/shougaishahukushi/sougoushien/dl/sougoushien-02.pdf.

29) 菊池馨実・中川純・川島聡編著　障害法　成文堂　2015

30) National Institute for Health and Care Excellence. Autism spectrum disorder in adults: diagnosis and management 2012 https://www.nice.org.uk/guidance/cg142.

31) Djulbegovic B., Guyatt G.H.: Progress in evidence-based medicine: a quarter century on. *Lancet*, 390; 415-423, 2017.

第 **2** 章

不当な差別的
取扱い

この章で学ぶべきこと

- 「異なる取扱い」という観点から，不当な差別的
  取扱いの禁止と合理的配慮の提供が，相補的に
  障害者の権利利益（機会の平等）を担保している
  ことを理解する。

1 | はじめに

　障害者差別解消法施行前後では，合理的配慮の提供に関して，活発な議論が繰り返されている。その一方で，不当な差別的取扱いについては，議論の焦点になりにくい印象だが，不当な差別的取扱いにより社会参加の機会から排除されると，合理的配慮の提供に至ることもできない。不当な差別的取扱いの禁止はあまりに自明な事柄であるため，常識的な対応で問題がないと考えられがちである。しかし，不当な差別的な取扱いの概念を十分に理解していないために，障害者本人も高等教育機関も気づかないうちに，不当な差別的取扱いが生じていることがあるので注意が必要である。

2 | 障害者差別解消法における不当な差別的取扱い

　障害者差別解消法第七条では，「行政機関等は，その事務又は事業を行うに当たり，障害を理由として障害者でない者と不当な差別的取扱いをすることにより，障害者の権利利益を侵害してはならない。」，第八条では「事業者は，その事業を行うに当たり，障害を理由として障害者でない者と不当な差別的取扱いをすることにより，障害者の権利利益を侵害してはならない。」と，定められている[1]。合理的配慮の提供に関しては行政機関等では義務，事業者では努力義務と差異を設けているが，不当な差別的取扱いに関しては行政機関等（公的な機関），事業者（民間企業）の別を問わず，一律に禁止している。

3 | 障害を理由とする差別の解消の推進に関する基本方針における不当な差別的取扱い

　障害を理由とする差別の解消の推進に関する基本方針[2]では，以下の(1) (2)のように，不当な差別的取扱いについての説明を記載している。

(1)　不当な差別的取扱いの基本的な考え方

　ア　法は，障害者に対して，正当な理由なく，障害を理由として，財・サービスや各種機会の提供を拒否する又は提供に当たって場所・時間帯などを

制限する，障害者でない者に対しては付さない条件をつけることなどにより，障害者の権利利益を侵害することを禁止している。

　なお，障害者の事実上の平等を促進し，又は達成するために必要な特別の措置は，不当な差別的取扱いではない。

イ　したがって，障害者を障害者でない者と比べて優遇する取扱い（いわゆる積極的改善措置），法に規定された障害者に対する合理的配慮の提供による障害者でない者との異なる取扱いや，合理的配慮を提供等するために必要な範囲で，プライバシーに配慮しつつ障害者に障害の状況等を確認することは，不当な差別的取扱いには当たらない。不当な差別的取扱いとは，正当な理由なく，障害者を，問題となる事務・事業について本質的に関係する諸事情が同じ障害者でない者より不利に扱うことである点に留意する必要がある。

(2) 正当な理由の判断の視点

　正当な理由に相当するのは，障害者に対して，障害を理由として，財・サービスや各種機会の提供を拒否するなどの取扱いが客観的に見て正当な目的の下に行われたものであり，その目的に照らしてやむを得ないと言える場合である。行政機関等及び事業者においては，正当な理由に相当するか否かについて，個別の事案ごとに，障害者，行政機関等及び事業者，第3者の権利利益（例：安全の確保，財産の保全，事業の目的・内容・機能の維持，損害発生の防止等）及び行政機関等の事務・事業の目的・内容・機能の維持等の観点に鑑み，具体的場面や状況に応じて総合的・客観的に判断することが必要である。行政機関等及び事業者は，正当な理由があると判断した場合には，障害者にその理由を説明するものとし，理解を得るよう努めることが望ましい。

　第1章「合理的配慮　3.6 意思の表明」（22頁）でも述べたとおり，不当な差別的取扱いは直接差別である。(1)アが述べているのは，不当な差別的取扱いとは，正当な理由なく異なる取扱いを行うことで，障害者の権利利益を侵害することである。障害者本人の意思表明が前提となり，その不提供が差別とされる合理的配慮と異なり，不当な差別的取扱いは障害者本人の意思表明がなくても，行政機関等及び事業者が障害を理由として異なる取扱いをした時点で差別が成立する。さらに(1)アは「なお，障害者の事実上の平等を促進し，又は達成

するために必要な特別の措置は，不当な差別的取扱いではない。」としており，障害者が不利益を被る異なる取扱いは不当な差別的取扱いだが，利益を確保するための異なる取扱いは不当な差別的取扱いとはしない，いわゆる片面差別であることが説明されている。

(1)イは(1)アの片面差別についての説明に続き，積極的是正措置（同等以上の機会の提供），合理的配慮の提供（同等の機会の提供）は，異なる取扱いではあるが，障害者が不利益を被るように取扱う意図はないので，不当な差別的取扱いには当たらないということを説明している。ここで注意しなければいけないのは，積極的是正措置にしても，合理的配慮の提供にしても本人が望まない状況で提供すると障害者本人にとっては不利益を被る取扱いと認識される可能性があることである。したがって，積極的是正措置についても，合理的配慮の提供についても，本人の意思を十分に確認する必要がある。

(2)が説明しているのは正当な理由が成立する場合であり，その理由を障害者本人に説明できることが必要だということである。しかし実務において，正当な理由が成立し本人にその理由を十分説明できる要件は，障害者本人あるいは高等教育機関，第3者の権利利益を侵害する状況以外には，考え難いと思われる。

4 | 高等教育機関における不当な差別的取扱いの禁止

現代の日本においては，（少なくとも表面上は）障害者を差別的に取扱うことはない。したがって高等教育機関でも差別的な取扱いはあり得ない。その一方で，先にも述べたように，合理的配慮の提供により異なる取扱いをすることはあり得る。また，高等教育機関に課せられている別の側面の義務である，安全配慮義務に基づいて異なる取扱いをする可能性はある。これらの状況で本人との意思疎通を欠くと，不当な差別的取扱いと判断されることがある点に留意する必要がある。

例えば，危険を伴う授業（実験・実技等）に参加する際に，排除（参加の禁止），条件付け（支援者の同行等），制限（課題の免除等）が生じることはあり得る。この場合，本人の意思の表明があれば，排除，条件付けや制限は，授業

の本質を変更しない範囲においては，むしろ合理的配慮の提供として機会を均等にするための異なる取扱いと解釈し得るが，問題になるのは，本人の意思を確認せずに，大学から一方的に排除，条件付け，制限を行うことである。同じ措置を行っても相互理解の下に実施するかしないかで，法律上の取扱いは異なる。

　例えばここで例示した，支援者の同行について，それが授業参加のために，実際に必要な配慮である場合に，障害者本人に支援者の同行が授業の参加に必要だと条件をつけると不当な差別的取扱いだが，高等教育機関が障害者本人の意思表明に基づいて支援者を同行させるのであれば，合理的配慮となる。なお，このように合理的配慮として支援者の同行を行うのであれば，支援者の確保及び予算措置は高等教育機関が行うべきだろう。また，他に例示した課題の免除については，障害者本人の意思を確認せずに課題を免除すれば不当な差別的取扱いになるが，高等教育機関が障害者本人の意思表明に基づいて課題の免除を行うのであれば，合理的配慮となる。また，免除が検討される課題が授業の本質を含むのであれば，授業の本質は維持できるように配慮の内容を検討するべきである。授業から排除すると当然，不当な差別的取扱いとなるが，障害者本人の意思表明に基づいて，当該授業への参加を免除することは合理的配慮となる。この場合には，教育課程の階層で本質が維持され，かつ障害者本人が不利益を被らないように履修科目（単位）に関する調整を行うことが必要である。

　安全配慮義務の観点から異なる取扱いを行う場合，上記のように最大限合理的な配慮について相談し，実際に合理的な配慮を提供したうえでも，授業への参加に危険が伴い参加を制約せざるを得ない場合，当該授業への参加が本人の権利利益を侵害するものと考えて，異なる取扱いを行う正当な理由が成立し得るであろう。しかし，合理的配慮を提供したうえでも危険が伴う可能性がある授業は，障害のない学生が参加する場合でも一定の危険が伴う可能性が存在するものと考えられる。したがって，そもそも，高等教育機関が提供する授業として適切かどうか議論が必要になるであろう。

　また，高等教育機関あるいは第3者の権利利益を侵害する状況に関して，意図的に権利利益を侵害する行為は一般的にも禁止されているので，障害者であることは関係がない。精神疾患により現実検討能力を欠き，高等教育機関ある

いは第3者の権利利益を侵害する状況では本人の意思に反して排除しても，正当な理由があり不当な差別的取扱いにあたるとは考えられないであろう，その一方でこのような状況は精神疾患に基づく他害行為と考えられ，治療的な観点で対応を考える必要がある。[3]

　このように考えていくと，実務のうえで正当な理由があって本人が望まないにもかかわらず不利益を被る異なる取扱いが行われる具体的な場面は想定しがたい。

5 | 高等教育機関のアドミッション・ポリシーと不当な差別的取扱い

　入学者選抜のあり方には議論がある。入学にあたっては，高等教育機関で提供される教育の本質を十分に学習できる能力があることが前提になる。したがって入学者選抜では教育の本質に準じた学習能力を測定し，十分な能力があると判断されたうえで入学が許可されるのが一般的である。定員以上の志願者がいる場合には競争になるが，前提となる教育の本質は変わらない。

　高等教育機関で提供される教育に基づいて学習する能力は，多くの部分が知的機能と関連する。その一方で特殊なカリキュラムをもつ高等教育機関では知的機能とは関連しない能力が必要とされる。例えば体育大学（体育課程）であれば運動に関する教育が本質であり，技能の習得に必要な能力は身体運動機能と関連し，音楽大学（音楽課程）であれば音楽に関する教育が本質であり，技能の習得に必要な能力は音楽に関する感覚機能や楽器演奏に関する微細運動機能と関連する。また医科大学（医学課程）であれば，患者とのコミュニケーションに関する教育が本質に含まれ，必要とされるコミュニケーション能力は心理社会的機能と関連する。入学者選抜で測定されるのは活動の能力であり，機能障害があっても一定の工夫と努力で，活動の能力は向上させることはできるが，限界もある。

　例えば，体育大学であれば，肢体不自由の受験生に合理的配慮を提供しても実技試験で教育の本質を満たすだけの能力を示すことができずに，入学が許可されないことはあり得るだろう。音楽大学でも，聴覚障害の受験生に同様の事態が実技試験で生じ得るであろう。また，医科大学（医学過程）や看護大学で，

コミュニケーションに関する能力を入学者選抜で面接試験として測定することが，自閉スペクトラム症などコミュニケーション能力に障害がある受験者を排除していると解釈されることがある。知的能力障害のある受験生の多くは入学者選抜にあたって学習能力を問う筆記試験で，教育の本質を満たすだけの能力を示すことができずに入学が許可されないだろう。

　入学の不許可が障害者の権利を狭めているという考え方に基づけば，入学者選抜で問う本質を狭める方向で設定した方が，同等の機会が得られる可能性が上がると考えられる。その一方で，入学者選抜の本質を狭めたが，高等教育機関で提供する教育課程の本質に参加できる能力を十分に測定できていなかったがために，入学後に，合理的配慮を十分提供したにもかかわらずに，教育課程の本質を学習できず，単位修得が不能になるという事態も生じ得る。例えば医科大学ではコミュニケーション能力が不十分な場合に，病院実習など実技授業に参加することを許可できず，実技授業から排除される場合もある。これは病院実習先の病院の患者（第3者）の権利利益を侵害する可能性を予測しての措置となるが，このような排除を行うことが正当な理由に基づく異なる取扱いとされるか不当な差別的取扱いとされるか，判断は難しいだろう。また，いずれにせよ病院実習は一般的に医学課程では本質的な要素だと考えられるので，教育課程の修了が不可能になるかもしれない。このような場合を想定するならば，入学者選抜で評価する本質的な要素を拡大し，コミュニケーション能力を本質とし，教育課程の本質を提供するうえで必要な能力と整合性を図っていれば教育課程において，正当な理由のある排除が生じることはないだろう。

　一歩進めた考え方もある。例えば医科大学や，体育大学，音楽大学等での教育課程の本質について検討し，医科大学ではコミュニケーション能力が十分な医師を養成することに限定せずに，医科学自体を学ぶ場とする，体育大学でも，アスリートを養成する場ではなく，体育学・身体科学自体を学ぶ場とする，音楽大学であれば，音楽家を養成するのではなく，音楽を学問として学ぶ場とするという考え方もあり得る。しかし，実際の高等教育機関における議論はここまで具体的には進んでいない印象である。

　いずれにせよ，教育の本質を明確に規定し，入学者選抜に反映することが必要であろう。本質が明確ではないままに入学し，入学後に教育課程の本質を学

習する能力が不十分であることが判明した場合に，本人が望まない異なる取扱いを受ける，つまり不当な差別的取扱いが生じ得る可能性を理解しておくことが必要である。異なる取扱いに正当な理由があっても障害者本人にとっては不利益であることには変わらない。現実的には，教育の本質は，障害学生支援に主として携わる専門家からは，影響力を発揮しにくい領域である。高等教育のあり方を議論する場で，教育の本質と不当な差別的取扱いについて正確な概念が共有されることが望まれる。

6 │ おわりに

　本章では不当な差別的取扱いについて，主として差別的な意図がない場合でも不当な差別的取扱いが生じ得る可能性と，そのような場合に対応するための考え方について述べた。不当な差別的取扱いは，第1章でも述べたが，合理的配慮の提供と相互に密接に関連しており，一体化した，理解・運用がなされる必要がある。なお，障害者あるいは障害に対して，差別的な意図をもって不当な差別的取扱いをすることは，人としてあり得ないので，本章では述べていない。

【引用・参考文献】

1)　内閣府. 障害を理由とする差別の解消の推進に関する法律 2013　https://www8.cao.go.jp/shougai/suishin/law_h25-65.html.
2)　内閣府. 障害を理由とする差別の解消の推進に関する基本方針 2015　https://www8.cao.go.jp/shougai/suishin/sabekai/kihonhoushin/honbun.html.
3)　大谷實　新版 精神保健福祉法講義　成文堂　2010.

第 3 章

環境整備
(ユニバーサルデザイン)

この章で学ぶべきこと

- （混同されがちな）合理的配慮の提供とユニバーサルデザインについて，「意思の表明」の有無と「異なる取扱い」であるか否かによって明確に区別される概念であることを理解する。

1 | 基礎的環境整備とユニバーサルデザイン

　障害者の権利条約では，「ユニバーサルデザイン」を，不当な差別的取扱い，合理的配慮と同様に，障害者の機会均等を実現するために必要な手段として強調している。障害者の権利条約では『「ユニバーサルデザイン」とは，調整又は特別な設計を必要とすることなく，最大限可能な範囲ですべての人が使用することのできる製品，環境，計画及びサービスの設計をいう。ユニバーサルデザインは，特定の障害者の集団のための支援装置が必要な場合には，これを排除するものではない。』と定義されている[1]（図3-1参照）。

　第1章「合理的配慮」でも述べたように，障害者差別解消法では，間接差別を採用していない。そのため，ユニバーサルデザインに基づく設計を根拠づけることができない。その一方で，条文，基本方針では，合理的配慮を提供するための基礎的環境整備について言及されている[2,3]。

　ユニバーサルデザインは，事前的改善措置であり，「調整又は特別な設計を必要とすることなく」不特定の障害者に関して，意思の表明をしなくても支障が生じない状況を意図するものであり，意思の表明を前提とした事後的な性質をもつ合理的配慮とはコンセプトが異なる。理論的には完璧なユニバーサルデザインは合理的配慮を必要としないものということになる。

　しかし，実際には完璧にユニバーサルデザインに基づいて設計することは困難であり，概ねユニバーサルなデザインに基づく設計によりある程度整備された環境が存在したうえで，不足している環境調整（環境因子の阻害的な作用の除去）を実施するために，本人の意思表明を経て合理的配慮の提供が行われる。したがって，コンセプトは異なるが，ユニバーサルデザインを意図しても，結果として合理的配慮を提供するための基礎的環境整備になることが多い。

　障害者差別解消法に基づく合理的配慮は，基礎的環境整備の有無を問わず，行政機関等及び事業者には提供が義務付けられている。本人が要望する配慮が過度の負担であり合理的ではないという合意に至り提供ができない場合でも，代案を講じて社会的障壁は除去されなければいけない。合理的配慮の提供について意思を表明した時点では，過度の負担であって提供がされない配慮（例え

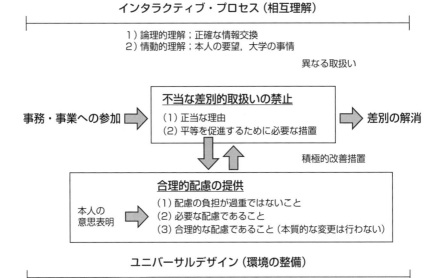

図3-1　障害者差別解消の全体像

ばスロープの設置など予算的，時間的に提供が困難）があり，代案（例えば会場の変更や人力での移動支援）で対応することはあり得る。このような場合，この時点では間に合わなくても今後の需要予測に基づいて，ユニバーサルデザインの思想を踏まえて，未来の利用者（不特定多数の障害者）のために，事前に環境の整備（例えば，スロープの設置）を行うことは，結果としてコストパフォーマンスが良いかもしれない。何よりも，意思を表明する負担を当事者から減ずる可能性があるので，考慮に値するであろう。

2 ｜ 合理的配慮を提供するための特異的な環境整備

　合理的配慮は，繰り返し述べているように，基本的にはオンデマンドに生じる個別の支援である。しかし，特定の学生が合理的配慮の提供の対象だとわかっていれば，事前に環境整備を行う試みは可能であろう。

合理的配慮を提供するための特異的な事前的環境整備には，ノートテイク，パソコンテイクなどを実施するサポート学生などの人的資源の事前確保，同様に，パソコンやソフトなどの物的資源の事前確保が含まれる。これらの資源を，障害の有無を問わず，すべての学生にサービスとして利用可能とすれば，ユニバーサルデザインであると考えられるが，資源は有限であり，障害のある学生にのみ利用を特別に許可することが多い。これらの特異的な事前的環境整備は，意思の表明に基づいた合理的配慮を提供するための基礎的環境整備の範疇に含まれるが，不特定多数の障害者及び障害のない者でも利用できるサービスであることが前提となる，ユニバーサルデザインとはコンセプトが異なる。

　第5章「相談体制」でも述べるが，高等教育機関において，合理的配慮を提供するための事前的環境整備を行うことは簡単ではない。

　例えば，ノートテイク，パソコンテイク等人的な支援が必要な支援に要する人的資源は，障害学生支援室などの専門部署あるいは，学外の専門家に依頼することができれば問題はないが，前者の場合は，他の業務の遂行が困難になるであろう労務の問題が，後者の場合は予算の問題が生じるうえに，安定的に専門的な人材を供給してくれるシステムがある地域は多くはない（もしかしたら，国内にはない）。労務・予算・供給の問題を解決するために，学内のサポート学生を利用するという手段をとる高等教育機関は少なくない。この場合，問題になるのは技術である。学生の技術向上のためには，教育が必要である。サポート学生の募集・契約・教育の一連の流れが，事前的環境整備になる。サポート学生の質を確実に維持し向上させるとしても，実際に入学してくる障害のある学生の数が不明確な状況では，サポート学生の量に関しては，合理的配慮を確実に提供するという観点から，やや過剰供給に振った調整を行わざるを得ない。結果，サポートの機会が少ないサポート学生が生じることもあり，このような状況では，サポート学生の動機を維持する働きかけが必要になる。そして，動機の維持に定式的な方法はないので創意工夫が求められる。

　物的な資源は，予算に沿って購入をし，ストックしておけば問題ないと考えられがちだが，現代の障害者支援には，インターネットに接続したIT機器の利用が必須であり，これらのハードウェア，ソフトウェアは頻繁にバージョンアップが図られており，古いソフトウェアが実際に利用する時に（例えばイン

ターネット環境の問題で）正常に起動しないという状況が起こり得る。また、補聴システムなどの古典的な支援機器も機能の向上が図られており、障害のある学生の立場に立つと最新の支援機器の提供を要望したいところである。このように、物的資源に関する事前的環境整備は、流動的な側面をもつので、支援機器を一遍に購入して揃えておくよりは、必要最低限の機器のみ揃え、購入先と納期の確認をしておいて、障害のある学生の合理的配慮として必要な時に速やかに導入できる準備をしておくのが一法になる。

制度面の事前的環境整備は、制度の設定の仕方によって、合理的配慮のための特異的な環境整備にもなり得るし、ユニバーサルデザインにもなり得る。例えば、障害のある学生が長期履修制度を利用することは一般的になってきているが、長期履修を障害のある者に関しては許可するという制度設計であれば、障害の開示と意思の表明が必要なので、合理的配慮のための基礎的環境整備になるし、障害の有無を問わずに長期履修制度を選択できる制度設計であれば、ユニバーサルデザインだと考えられる。

3 ユニバーサルデザイン

ユニバーサルデザインを志向する場合は、不特定多数の障害者をターゲットに設計がなされる。これは、理論的には完璧を目指さなければいけないが、障害の種別、程度を超えて、完璧なユニバーサルデザインを達成することは高等教育機関の有する予算では極めて困難であると予測されるし、そもそも技術的に現状では確立していない。どの程度のユニバーサルデザインを目指すかは高等教育機関個々のポリシーに委ねられるが、実務的には、領域別に設定されたガイドラインに沿った対応が最低ラインの目安となる。

3.1 施設・機器（「生産品と用具」）

ユニバーサルデザインに沿った設計に関して、比較的技術が確立しているのは基盤的インフラの領域であり、ICFでは「生産品と用具」に分類される。[4] 施設整備が、まず考えやすい。大学内の建物、敷地内の道路等は、「高齢者、障害者等の移動等の円滑化の促進に関する法律（バリアフリー新法）[5]」に沿って、

新築されることが勧められている。これには，推奨されるトイレの要件や，車椅子で移動ができない段差の排除や，エレベーターのボタンの性状まで，身体障害者を主とした配慮だが，細やかにかつ現実的に可能なラインで取り決められている。バリアフリー新法に定められた事項については地域の条例によって義務の設定が異なり，バリアフリー新法の遵守を義務化している地域もある。バリアフリー新法は，実現可能性とのバランスに十分配慮しているように思われるが，そのためか，改築時や既存の建物についてバリアフリー新法への対応（ユニバーサルデザイン化）は，義務付けられていない。

　条例に定められていない限りは，高等教育機関個々のポリシーによって，新築，改築時のバリアフリー新法への対応，既存の建物のユニバーサルデザイン化において，ガイドラインを遵守する程度は異なるであろう。実際にはポリシーと負担（予算，労務など）をパラメーターにして意思決定は行われるが，ユニバーサルデザイン化の着想がなければ，議論ははじまらない。高等教育機関のポリシーと負担をいかに議論の俎上にあげるか，実務的な意思決定のプロセスが，ユニバーサルデザイン化には重要になる。

　このような事情を踏まえると，重要なのは高等教育機関全体の施設整備計画にユニバーサルデザインを位置づけることではないかと考えられる。個々の部署が場当たり的に対応をするよりは，高等教育機関全体の施設整備計画にユニバーサルデザインの計画を包含する方が効率的にユニバーサルデザイン化を推進することができるであろう。新築・改築時のユニバーサルデザイン化，既存の建物の積極的なユニバーサルデザイン化，合理的配慮に基づく施設改修に関して，一元的に情報を管理し，施設整備計画の中に位置づけ，状況に応じて計画の修正を繰り返して，ユニバーサルデザインが高い水準で実現されたキャンパスに向かうことが望ましい。

　バリアフリー新法は，良くも悪くもプラクティカルである。新築時のユニバーサルデザイン化を強調する一方で，既存の建物に関しては，義務は課さずに無理のない範囲で遵守できるガイドラインになっている。その一方で，バリアフリー新法に似たガイドラインとしてはIPC（国際パラリンピック委員会）のガイドライン[6]が知られている。こちらは，ユニバーサルデザイン化にあたって，準拠すべき基準が，バリアフリー新法よりやや厳しめの設定である。IPCのガ

イドラインは法令ではないので義務的な要素はない。しかし，当該高等教育機関が多少なりともオリンピック，パラリンピックに関与しているのであれば，ある程度は，準拠していることが望ましいだろうし，少なくともIPCガイドラインが存在していることを知らないでいることは許容されないであろう。ユニバーサルデザイン化は，法的義務の弱い分野であり国内でのオリンピック開催は，ドラスティックにユニバーサルデザイン化を進める，数少ない機会として期待される。

　これらのガイドラインと同様に重要なのは，建築家・設計者の意識であろう。新築時には，建築家・設計者が確かな意図をもてばガイドライン以上にユニバーサルデザイン化を進めた建築・設計は十分に可能である。その一方で，その意図をもたなければ，形式的にガイドラインをなぞっただけの建築物となる。また幾つかの場面で，建築家・設計者の意図する優れた景観は，ユニバーサルデザインと相対することになる。例えば，地面に段差で景観を描こうとする美的な努力は，ユニバーサルデザインの観点からは，視覚障害者や肢体不自由者を排除する試みとなる。景観を美しく作れる建築家を選定するのは，それほど難しくはないだろうが，高等教育機関が施設整備計画を進めるうえで必要なのはユニバーサルデザインに関して優れた能力をもつ建築家・設計者を選定することだと思われる。

　施設以外に，「生産品と用具」で重要なのは，教育を支援する「生産品と用具」である。教育環境では，教育用計算機（PC）を始め多くのデバイスを用いて，サービスが提供される。これらのデバイスに関して，将来にわたって不特定多数の障害者が利用することを想定し，ユニバーサルデザインに基づく設計を意識することが望ましい。例えばPCでは視覚障害や限局性学習症のある学生に困難が生じないような読み上げソフト，肢体不自由のある学生に困難が生じないようなトラックボールなどが望まれる。

3.2　情報（「自然環境と人間がもたらした環境変化」）

　現代では情報の発信にウェブページが大きな役割を担っている。1つの高等教育機関であっても学部ごと学科ごとあるいは，部署ごとに複数のウェブページを運営していることが珍しくない。これらウェブページの設計にもユニバー

サルデザインが求められる。法令での規定はないので，法的義務ではないが，ウェブアクセシビリティはJIS規格で規定されている。[7] 視覚障害者・聴覚障害者への対応が主だが，基準は厳しく，一部の意欲的な官公庁を除き現状，十分にアクセシビリティに関するJIS規格を遵守している施設は少ない。JIS規格の問題点は，遵守するとやや味気ないシンプルなウェブページになってしまうことかもしれない。広告業などビジュアルを優先せざるを得ない事業を，事業の本質としている事業者が，その事業を目的として運営するウェブページは，アクセシビリティに完全に対応することは困難かもしれない。その一方で，学内の学生向けの情報伝達を主目的としたウェブページはシンプルで味気なくてもJIS規格対応とすることが望ましいであろう。ウェブページを含む情報インフラも入れ替えや更新の計画が，高等教育機関全体で策定されているであろう。施設と同様，個々の部署ではなく全体の整備計画にユニバーサルデザインの思想を組み込むことで，効率よく整備されることが結局のところコストパフォーマンスが良く，高等教育機関にとっても障害のある学生にとっても望ましいであろう。

　ウェブページに限らず，最近は画像・音声により教育コンテンツ（DVD，YouTubeなど）を提供する機会が増えている。この場合，聴覚障害者は音声の受容に困難をもつ。例えば，デジタル化以降のテレビ放送のコンテンツは，文字情報（字幕）による情報提供がデフォルトで準備されている。これはテレビ放送のコンテンツのユニバーサルデザイン化と考えられる。高等教育機関においても同様に，教育コンテンツに文字情報を初めから付加してあれば不特定多数の聴覚障害者は困難を生じずに学習の機会を得られる。

　同様に，教科書や資料を用いて教育コンテンツを提供する場合もあるが，視覚障害者は文字情報の受容に困難をもつ。最近では，このような場合にもあらかじめ，音声読み上げソフトに対応したテキストファイルが準備されていて，本の購入者はテキストファイルを簡易に入手できることが多い。高等教育機関で教育に利用する教科書に関しては，このようにユニバーサルデザイン化された教科書を指定するような意識が必要かもしれない。

　授業にはパワーポイントによる提示，レジュメなど多くの印字された文字情報が用いられる。これらの文字情報はフォントによって印字される。フォント

は，視覚障害のない学生にとっては特段意識しないことが多いが，弱視者にとってはフォントによって，困難が生じる場合とそうではない場合がある。一般的に文字幅が変わる，明朝体は見づらいことが多いようで，文字幅の変わらないゴシック体の方が好まれるようである。また，ユニバーサルデザイン化を意識したフォントとしてはメイリオが知られており，特に理由がないのであれば，ゴシック体，メイリオを使用するよう心がけた方が良いであろう。

3.3　教育方法（「支援と関係」）

インフラ以外にも情報伝達をユニバーサルデザイン化することはできる。

例えば，自閉スペクトラム症の学生は組織化と計画の機能障害のために，リアルタイムで情報を整理することが困難な場合がある。つまり，口頭あるいはスライドの短い時間では教育に関する情報を受容することに困難が生じることがある。このような場合に，パワーポイント資料を印刷あるいはPDFファイルにしたものを合理的配慮として提供することがある。視覚化された情報を，時間をかけて整理すれば，自閉スペクトラム症であっても十分に情報を受容することができるので，困難は解消される。また口頭で説明するにしても，構造化して情報を伝えることは，教育内容の理解を促進するであろう[8]。このような配慮には，障害のある学生をむしろ優遇しているのではないかという批判が時に生じる。優遇となっている可能性はある。優遇するということはつまりより質の高い教育を提供しているとも考えられる。では，なぜこれを他の学生に行わないのか？　それが大きな手間であれば，無理は言いがたいが，少なくともPDF資料として，配布できるシステムを作るのはそれほど大きな手間ではなく，実施している機関，学部，学科は存在している。また，同様に講義の構造が曖昧で講師の意図が不明確な授業は少なくないが，自閉スペクトラム症への合意的配慮と同様に，講義内容を項目立てて情報として提供することは他の学生にも利益となるであろう。このような合理的配慮は優遇なので実施できないと発想する前に，ユニバーサルデザインとして，すべての学生に提供した方が，教育の質を高められる可能性があることを，講義を行う側が認識していても良いかもしれない。

高等教育機関の教員であるためには，教員の免許を必要としていない。つま

り教育の能力については，一定の基準をクオリファイしているかどうか定かではない。もしかしたらはじめに，教育効果を上げるために教育方法を調整することが必要だという意識を教員に理解させることが必要なのかもしれない。

3.4　コミュニケーションの方法（「態度」）

　情報伝達にはコミュニケーションも影響を与える。例えば，自閉スペクトラム症の学生には，コミュニケーションのうえで幾つかの配慮をすることが多い。教育に直接かかわるコミュニケーションに関しては合理的な配慮となる。一般的に，1）まず相手の言い分を聞く，2）命令ではなく提案をする，3）言行一致を心がける，4）感情的にならず落ち着いて説明する，5）情報を視覚提示する，6）目に見えにくいものは言語で構造化する，7）こだわりはうまく利用する（少なくともむやみに修正を試みない）というかかわり方が周囲の接し方として推奨されている。このような配慮された接し方は特別なスキルが必要なものではない。高等教育機関に所属する教職員が配慮された接し方を理解し，必要に応じて通常の対応（同じ取扱い）に含まれるバリエーションとして利用できれば，多くの自閉スペクトラム症の学生は円滑にコミュニケーションが取れるであろう。学生への接し方の柔軟な調整は，高等教育機関のサービス提供にあたってのユニバーサルデザイン化と言えるであろう。また，このような接し方は，自閉スペクトラム症以外の障害のある学生，障害のない学生にとっても特別不快なものではなく，相互に快適なコミュニケーションが成立しやすいとも考えられる。

　自閉スペクトラム症と目される学生のうち幾らかの割合の学生は，自分の精神疾患を否定し，受診を拒むことが多い。結果として障害者差別解消法に基づく合理的な配慮の提供はできず，コミュニケーションが十分に成立しないままに教育・学習を進めることが難しくなることがある。一方で，配慮された接し方をユニバーサルデザインの一環と理解していれば，周囲の教職員が接し方の調整を行うことで，コミュニケーションの困難を解消することが可能である。これを手間と感じ忌避する教職員もいるかもしれないが，無用な衝突や学生の高等教育からの離脱（中途での退学）を防ぐためには，コストパフォーマンスに優れた方法だと考えられる。

また，高等教育機関の教職員は自閉スペクトラム症に限らず，すべての障害者，あるいはすべての学生に対して，信頼や人間としての価値に関する，肯定的で敬意を示すふるまいを行うことが望ましい。これは特別配慮が必要な事柄ではなくユニバーサルデザインとあえて定義する必要はないかもしれないが，肯定的で敬意を示す態度がユニバーサルに提供されているよう個々の教員・職員が心がけていることが望ましい。

3.5　履修制度（「サービス・制度・政策」）

　先にも述べたが，長期履修制度など障害のある者にとって配慮となり得る制度設計は，他の学生にとっても多様な学習の機会を得るために有益かもしれない。事務管理上困難であるなど事情がないのであれば，長期履修制度を異なる取扱いではなく，同じ取扱いとして制度に取り入れても良いであろう。このような取り組みが制度上のユニバーサルデザインになる。

　これは例えば，必修科目の設定にもかかわる。体育など障害のある者が参加しがたい科目を，合理的な配慮により他の科目に振り替えるという事態は十分にあり得る。体育の必要性を否定するわけではないし，リベラルアーツとして体育が選択科目にあるのは十分に妥当であろう。その一方で，高等教育機関で体育を必修科目とする本質的な意味を考える必要はあろう。選択の幅を増やす履修制度の設計はユニバーサルデザイン化にも資すると思われる。

4　おわりに

　ここまで述べたようにユニバーサルデザインが合理的配慮と異なる点は障害者であることを前提とした意思表明を必要としないことである。障害のある学生にとっては，意思表明に費やす負担の軽減が有益になるだろう。その一方で，ユニバーサルデザインに注力するのみでは困難の軽減に一部妥協が生じることもあり得るので，さらなる調整のために合理的配慮の提供に関する意思表明の余地があることも認識していなければいけない。

　ユニバーサルデザイン化を進めていくうえで実務的に難しいかもしれない要因は，実施しなくても，近視眼的には誰にも不利益が生じないことである。対

応が必要な障害のある学生は，それぞれ個別に合理的配慮の提供を要望することで，困難は解消されていく。ユニバーサルデザインを十分に進めていないために，合理的配慮の提供にあたって結果として余計に生じる負担は，高等教育機関の組織としての無策（見通しの甘さ）がもたらすものだが，見かけ上は合理的配慮に伴う負担として処理される。ユニバーサルデザインに基づく整備計画に関して高等教育機関内で責任の所在を明確にすることが，重要だと思われる。

【引用・参考文献】

1) 国際連合. 障害者の権利に関する条約 2006 https://www.mofa.go.jp/mofaj/files/0000 18093.pdf.
2) 内閣府. 障害を理由とする差別の解消の推進に関する法律 2013 https://www8.cao.go.jp/shougai/suishin/law_h25-65.html.
3) 内閣府. 障害を理由とする差別の解消の推進に関する基本方針 2015 https://www8.cao.go.jp/shougai/suishin/sabekai/kihonhoushin/honbun.html.
4) 世界保健機構　ICF 国際生活機能分類──国際障害分類改訂版　中央法規出版　2001
5) 国土交通省. 高齢者，障害者等の移動等の円滑化の促進に関する法律 2006 https://www.mlit.go.jp/jutakukentiku/build/barrier-free.files/01houritu.pdf.
6) 国際パラリンピック委員会. アクセシビリティガイド 2013 https://www.jsad.or.jp/paralympic/what/pdf/ipc_accessibility_guide_ja2.pdf.
7) 日本工業標準調査会. JIS X 8341-3:2016. 東京，日本：日本規格協会；2016.
8) 桑原斉・中津真美　自閉症スペクトラム障害の大学生への支援. リハビリテーション連携科学, 15; 96-106, 2014.
9) 本田秀夫　自閉症スペクトラム──10人に1人が抱える「生きづらさ」の正体　ソフトバンククリエイティブ　2013

第 **4** 章

合理的配慮以外の
個人的なサービス

この章で学ぶべきこと

- 障害者の支援は合理的配慮の提供（社会的障壁の
  除去）で完結するものではなく，本人へのアプロ
  ーチも有用であることを理解する。
- 合理的配慮の提供を選択するか，その他の個人的
  なサービスを選択するか，両方を選択するか，
  選択の主体が障害者本人であることを理解する。

1 はじめに

　第1章でも述べたように，社会的障壁の除去は，「障害者の日常生活及び社会生活を総合的に支援するための法律」（以下，障害者総合支援法）の基本理念にも含まれており[1]，障害者差別解消法に基づく，社会的障壁の除去と統合して運用することが望まれる。本章では，個人的サービス（personal services and devices）について考察するために，主として障害者総合支援法で支援として給付される医療・訓練，介護・補装具・日常生活用具について述べる。なお，医療・訓練，介護・補装具・日常生活用具を国立大学法人法二十二条二の[2]「学生に対し，修学，進路選択及び心身の健康等に関する相談その他の援助を行うこと」（厚生補導の一環とも考えられる）に沿って提供している場合は，障害者差別解消法あるいは障害者総合支援法とは別に，通常の事務又は事業で提供されるサービスと考えることができるであろう。

　ICFは現時点でも個人因子の取扱いが定まっていないが[3]，医療・訓練に関する履歴は，教育歴が個人因子の例示にあることから，個人因子に含まれると思われる。また，ICFで定義される能力は標準的環境での能力を評価することとしているが，標準的環境の具体的内容が不明確なため，絶対的な基準での判断は難しい。したがって概ね同じ環境での相対的な変化を評価する。

2 医療

　医療により病気（変調）が治癒・改善することで，機能障害が軽減し，活動・参加の能力が向上することがある。これは当然なことではあるが，合理的な配慮の提供に一面的に注力すると忘れがちになるので，注意が必要である。高等教育機関の中でも比較的規模の大きい大学では，学内に保健センターあるいはそれに類する施設をもち，医療の提供が可能な場合がある。この場合，医療の提供者と合理的配慮の提供者との間で，正確かつ相互的な情報の交換が可能となり，「統合モデル」に沿った支援の展開が容易になる。

2.1 視覚障害，聴覚障害，肢体不自由

　詳細は，第6，7，8章で述べている。原因となる疾患が同定できていて，それが治療可能な疾患の場合には，治療を行うことで，機能障害が改善し，活動・参加の能力が向上する可能性が十分にある。しかし，視覚障害，聴覚障害，肢体不自由に関しては，原因疾患が不明である場合，あるいは治癒まで至る治療法が確立していない疾患が多い。その一方で，現在研究が進められている再生医療の標的となる疾患もあり[4]，今後の医療の進歩により治療可能性は変化するかもしれない。

2.2 内部障害

　詳細は第9章で述べている。内部障害とは，身体障害者福祉法に定める心臓機能障害，腎臓機能障害，呼吸器機能障害，膀胱又は直腸の機能障害，小腸機能障害，ヒト免疫不全ウイルスによる免疫機能障害，肝臓機能障害の7つの種類を指す[5]。なお，障害者の定義では，「その他心身の機能の障害のある者」が含まれるので，障害者差別解消法が対象とする身体障害は，視覚障害，聴覚障害，肢体不自由，内部障害に限らず事実上すべての身体疾患が対象になり得る[6]。

　内部障害（あるいは他の身体疾患）の個々の疾患の治療に関しては，さまざまな治療法が含まれるので，ここでは個別に詳述しない。しかし，治療により身体疾患が治癒・改善したり，機能障害が生物学的な水準で軽減，消退したりすることに留意する必要がある。精神疾患と異なり，スティグマを理由として治療に消極的になる可能性は低いが，学業を優先するために，治療が疎かになることはあり得る。そのような場合，高等教育機関は安全配慮義務の観点から，健康診断，保健センターでの診察などの機会を利用して，適切な治療に誘導することが望まれる。

　内部障害に比較的共通して認められる活動の制限は，運動・移動の制限である。運動・移動の制限がある場合，実際に動かないことにより廃用性（安静状態が長期にわたって続くことによって起こる機能低下）に機能障害が悪化するリスクがあるのが，さらなる問題になる[7]。廃用性の萎縮についてはリハビリテーションにより機能障害が回復する可能性があるので，リハビリテーションの

実施を検討する価値がある。

2.3　発達障害

　発達障害，つまり第10章で詳述する神経発達症に関しては，疾患によって標準的な治療法があるものとないものがある。また治療法がない神経発達症であっても，2次的に併存する精神疾患の治療が必要な場合もある。

　高等教育機関で支援が必要となる神経発達症は概ね次の3疾患，自閉スペクトラム症（autism spectrum disorder: ASD[8]），注意欠如多動症（attention deficit hyper activity disorder: ADHD[9]），限局性学習症（specific learning disorder: SLD[10]）である。この中で，症状自体の治療可能性が高いのは，ADHDである。

　ADHDに関しては，methylphenidate（メチルフェニデート），atomoxetine（アトモキセチン），guanfacine（グアンファシン）の3剤を治療に用いることが多い[11]。これらの薬剤は，原則的には内服時のみ効果があり，中止をすると効果は失われる。つまり，治癒を意図する薬剤ではなく対症療法となる。そのためか，ADHDのある学生が薬剤の内服には消極的なままに合理的配慮の提供を要望することは少なくない。これら3剤はrandomized controlled trial（RCT：ランダム化比較試験）でも効果が確認され保険収載もされている薬剤なので，実際に内服して治療効果を確認しないのは，本人の利益を損なっているとも思われるが，薬物療法を選ぶか合理的配慮を選ぶか，あるいは両方か，本人の選択が尊重される。

　ASDの中核症状，すなわち社会的コミュニケーションの障害と限定された反復的な行動様式に関して，標準的な治療法はない。さまざまな治療法が提案されているが，十分な根拠をもって治療効果があると考えられているのは，2〜4歳頃に行う治療的な教育で，Early start Denver model（ESDM）とPreschool autism communication trial（PACT）の2つの早期介入プログラムがよく知られている[8]。しかし，いずれも十分なfidelity（研究結果を忠実に再現する）をもって，実施できる施設は国内にはなく，いずれも幼児期の早期介入プログラムなので，高等教育機関に入学後の治療の選択肢にはならない。薬物療法では，oxytocin（オキシトシン）など治験段階の薬剤もあるが，標準的な

治療と考えるには未だ時期が尚早である。SLDに関してもdyslexia（ディスレクシア）の音韻障害に着目した，治療的な教育法はある程度効果があるようだが[10]，十分にデザインされたRCTで効果は実証されておらず，標準的な治療とは考えがたい。また，治療法については英語圏の報告が多いので，言語体系の異なる国内で効果が認められる保証はない。SLDに有望とされる薬物療法は現在のところない。

ASDに関しては，併存する易刺激性（イライラ）の治療はある程度確立している[12]。社会生活上の困難をストレス因として易刺激性が出現していることが多く，最初に行うべき介入は，環境の調整だとされている。高等教育機関で実施される合理的配慮の提供はその1つになるが，家庭，対人関係，余暇での困難の場合には環境調整を実施する主体が難しくなる。またうつ病など他の併存疾患に基づいて易刺激性が出現している場合には，併存する疾患の治療を優先する。次には，行動分析に基づいて易刺激性のコントロールを行う。これら心理社会的な介入で改善が得られない時に薬物療法を行うが，2種の神経遮断薬，risperidone（リスペリドン）とaripiprazol（アリピプラゾール）の効果は小児期に限ったものではあるが確立しており，保険収載もされている。

ASDの25%程度にADHDが併存すると考えられており，ASDに合併するADHDの治療についてもADHD単独の場合と同様にmethylphenidate，atomoxetine，guanfacineの治療効果は確立している[8]。

ASD，ADHD，SLDいずれも，うつ病，社交不安症などの精神疾患が併存している場合が少なくない。その場合は，原則的に神経発達症がない場合の治療に準じた治療を行うことになる[10-12]。神経発達症自体の治療可能性は乏しいが，併存症の治療を行うことで学習の制限・学校生活の制約が軽減する可能性がある。

2.4 精神疾患（発達障害を除く）

例えば，うつ病のために，易疲労，集中力の低下が出現し，移動や学習の制限が生じ，大学で学校生活の制約が生じている場合，課題提出期限の延長などの合理的配慮の提供で困難の解消を図ることができる。その一方で，うつ病は選択的セロトニン再取り込み阻害薬（selective serotonin reuptake inhibitor:

SSRI）などの抗うつ薬による薬物療法，あるいは認知行動療法（cognitive behavioral therapy: CBT）などの精神療法で，治療を試みるべき疾患であり，[13] 治療を試みた場合に，活動・参加の能力が向上する可能性は十分にある。同様に，社交不安症のために，教室での講義に参加する時に不安が出現する場合には，ビデオ撮影した教材を別室で視聴することで，困難の解消を図ることができるが，うつ病と同様にSSRIやCBTを用いることで，不安をコントロールすることはある程度可能である。[14] その場合，集団での講義に参加することが可能になる公算は高い。

　精神疾患に関しては，合理的な配慮を求めて大学との交渉が始まるケースでは，治療を行ったが，十分な改善が得られず，やむを得ない手段として合理的な配慮の申請を行うことが多い。第1章「合理的配慮」で述べた「統合モデル」の考え方を採用するならば，治療や合理的配慮と後述する訓練をすべて実施して，最大限の実行状況を実現するのが望ましい。しかしながら，学生本人が，薬物療法に関しては副作用の可能性を踏まえて消極的であり，CBTなどの精神療法に関しては時間的，経済的なコストを踏まえて消極的な場合もある。そもそも，スティグマの影響もあり精神科に通院すること自体に拒絶的であることも少なくない。このような場合，自分でコストをかけて治療をしていないのに，行政機関等あるいは事業者がコストをかけて合理的配慮を提供する必要はないとする主張を聞くことがあるが，これは間違いであり，合理的配慮の提供と同様に医療的にも，あくまで本人の意思が尊重される。治療は措置入院，医療保護入院，医療観察法下の入院・通院など特殊な状況である場合を除いて強制されるものではなく，[15] その一方で合理的な配慮の要望は本人の権利であり，合理的な配慮の提供は行政機関等あるいは事業者の義務である（私立の高等教育機関は努力義務）。したがって治療を受けない結果として，行政機関等・事業者が抱えるコストが大きくても，その負担が過重な負担でない場合には，合理的な配慮は提供される必要がある。精神疾患の場合には身体疾患である場合と比較して，残念ながら配慮の提供に心情的抵抗がある教職員が多い印象である。治療を受けていないことを理由として，合理的な配慮を提供しないとした場合には，その理由づけ自体が障害者差別解消法に抵触する可能性が高い。

　なお，主として統合失調症あるいは双極性障害に関しては，病識（自らの病

気に関する認識）が不十分なために治療を拒否している場合がある。そのような場合には，上記のような非自発的な治療に進まざるを得ないことがあり，自傷・他害の危険性が高い場合には，警察での保護を介して，入院の要否を診察する緊急措置診察に進むこともある。本人，及び周囲の安全が確保されない場合には，警察への通報を躊躇してはいけない。また，今すぐに自傷・他害の恐れがあるわけではないが，幻覚や妄想を訴えるなど，平時と明らかに異なる気分の高揚あるいは不機嫌を認める場合には，家族と相談し，医療保護入院の可能性も踏まえて，対応を検討する必要がある。統合失調症と双極性障害は，自分で治療その他の支援を選択する能力を欠いてしまうことが多いという点が，先に例示したうつ病あるいは社交不安症とは異なる。これら2疾患の治療は主として薬物療法で[16, 17]，統合失調症の治療には，神経遮断薬を用いることが多く，双極性障害の治療には感情安定薬を用いることが多い。薬物療法で改善が乏しい場合には，電気けいれん療法（electro convulsive therapy: ECT）を行うこともある。

3 | 訓練

　訓練を実施することで，機能障害に変化がなくても活動・参加の能力が向上することがある。これらの結果，実行状況の制限・制約の軽減も得られ，環境因子（阻害因子）の阻害因子としての作用を消去できる可能性がある。

3.1　視覚障害，聴覚障害，肢体不自由

　詳細は，第6，7，8章で述べている。視覚障害，聴覚障害，肢体不自由に関しては，それぞれリハビリテーションが実施されることはあるが，効果は限定的である。あるいは高等教育機関に進学するまでに可能な範囲のリハビリテーションは実施済みの場合も多い。

　その一方で，高等教育機関での学習に関しては，聴覚補償機器，パソコンテイク，点字，テキストファイル，車椅子の利用など支援機器を利用して，困難を軽減することが可能である。これらの支援機器の利用には一定の能力が必要でありフィッティングと称される一種の訓練が必要になる。支援機器の利用に

関するフィッティングについて，合理的配慮の範疇とするか訓練の範疇とするかは難しく，多くの場合は訓練の範疇として，自助努力に任されているようである。しかし，実際に配慮を提供するにあたっては，支援機器を利用する能力が必要であり，十分に利用できない場合には，フィッティングの実施を検討する必要がある。

3.2 内部障害

　内部障害の原因となる身体疾患により生じる困難はさまざまであり，訓練の標的もさまざまになる。比較的多く認められる運動・移動の制限の場合には，バリアフリーに移動できる経路を学習することも広い意味では訓練だと考えられる。このように，高等教育機関での円滑な活動・参加に必要な知識については，高等教育機関の専門家が助言を担う余地がある。

3.3 発達障害

　ASDについては社会技能訓練（social skills training: SST）が比較的確立した訓練方法である[12]。確立した薬物療法がないので，支援の中心とも考えられる。しかし，定式化されたプログラムは意外になく，施設ごとに試行錯誤をしながらプログラムが組まれているのが現状であり，確実に効果が見込めるプログラムは不明確である。その一方でオンデマンドに本人に個別の助言を行い，適切な活動を身につけていく手法もSSTに含まれる。個別の助言も十分なエビデンスがあるわけではないが，個別のニーズを満たせる可能性はある。実際に高等教育機関で実施する場合には，障害学生支援室で実施する場合もあれば，心理士による心理療法が主体の学生相談室で実施することもあるだろう。SSTを意識した助言はASDの学生にとっておそらく有益だが支援の間にあり，各部署が対応を押しつけあうと（対応が困難な学生であればあるほど），支援機関から本人の足が遠のく可能性が高い。SSTに関しては部署間の役割分担を明確に定める必要がある。

　ADHDについては，先にも述べたように複数の薬剤による薬物療法が確立していることもあり，訓練は第2選択とみなされている。訓練としては，主に不注意に焦点を当てて，メモを取ること，携帯電話のアラートを使うこと，予

定表を作成することなど自分でできる工夫の助言を行う。しかし，実際には高等教育機関に入学してくるADHDのある学生の多くはすでに，このような一般的な工夫は試みていることが多く，それでも生じている困難をいかに解決するかという相談になるので，助言は簡単ではない。不注意の中でも時間管理の問題が学習に大きな制限をきたすことが少なくない。このような場合に，助言で解決ができない時には，本人の実質的な不利益（単位の未修得など）が大きくなる前に，薬物療法を強く勧めるか，教員による進捗管理（合理的配慮）を依頼した方が，不利益は少なくて済むであろう。

　SLDに関する訓練もあり得るが十分確立した手法はなく，質の高いエビデンスは少ない。読み・書きに関しては児童期に診断がされていれば，一定の訓練を特別支援教育として受けているはずだが，効果が十分認められているケースは少ないようである（効果が認められていれば，SLDとして大学で困難が生じないので，そのようなケースに遭遇する機会が少ないとも考えられる）。高等教育機関入学後であれば，直接読み・書きの訓練をするよりも，読み上げソフトやキーボード入力等支援機器の利用についてフィッティングを実施した方が，実質的な利益は得られやすいかもしれない。

3.4　精神障害（発達障害を除く）

　精神障害に必要な訓練は疾患によって異なり多岐にわたると考えられるが，実際に利用できるプログラムは汎疾患的なプログラムが多い。成人期で多く用いられているのは，作業療法，デイケアであり，（最近はデイケアの一種だが）リワークプログラムという復職を意図したプログラムが注目を集めている。[18]プログラムの基本的なコンセプトは“慣れ”である。精神機能も身体機能と同様におそらく使用していないと，廃用による機能低下が生じるようである。治療の最中には多くの場合，休養を必要とし，薬剤による眠気で十分に精神的な活動を維持できない。このような状態から，活動に少しずつ慣れることで，徐々に精神機能を用いる活動の能力を回復していくプロセスがこれらのプログラムの意図になる。高等教育機関でこれらのプログラムを準備していることは極めて稀だが，うつ病などはその罹患率の高さを考えても，リワークプログラムに準ずる復学プログラムがあっても良いかもしれない。実際に専門的なプロ

グラムがない場合には（多くはそうだが），学校への登校・出席を少しずつ進め，課題の提出を遅らせるなどの配慮を得ながら，少ない負担から急がずに自分のペースを守って学校生活に慣れることが考えられる。精神障害についてもASDで述べたのと同様に，部署間の支援の間に落ちないよう，役割分担を明確にして取り組むことが望ましい。

　統合失調症など重篤な精神疾患の一部では，長期の治療を要し，機能障害が永続的に持続する場合がある。このような時には，急がずに，学外のデイケア施設などの利用を促し，さらに小刻みな慣れの過程を踏んでも良いであろう。

4 ｜ 介護・補装具・日常生活用具

　介護・補装具・日常生活用具は，「支援と関係」「生産品と用具」として本人に提供される。[3)]これらの提供により，高等教育機関が事務又は事業として提供する環境因子（阻害因子）の阻害因子としての作用を消去することは可能だが，介護・補装具・日常生活用具の取扱いには議論がある。第1章でも述べたように介護・補装具・日常生活用具を個人的サービス（personal services and devices）であることを理由に合理的配慮としては提供しないという考え方もあるが，障害者差別解消法では配慮として提供できないとした場合，実際には障害者総合支援法による給付を得られずに，環境因子（阻害因子）の阻害因子としての作用を消去することが困難になる状況はあり得るので，配慮の可能性からは排除し難い。

　なお，ICFでは支援ありでの能力という概念が規定されており，ここでいう支援は福祉用具または人的支援と定義されているが，環境因子としての福祉用具，人的支援との異同は不明確であり，本書では介護・補装具・日常生活用具は環境因子として取扱う。

　実際に取扱いが微妙になるのは，例えば視覚障害（弱視）の学生が携帯型の拡大読書機の利用を要望する場合などである。これは障害者総合支援法の給付に沿って購入することが可能だが，その一方で授業時以外には利用しない場合には，授業時にのみ，合理的配慮として提供されることもある。

　また，介護の取扱いは問題になることがある。肢体不自由の場合など，介護

者がいなければ，移動，排泄など基本的なセルフケアの段階で困難が生じる学生がいる。これは逆に介護者がいれば，困難を最小限にし，十分に高等教育機関での教育に参加できる能力があるとも言える。障害者総合支援法の運用は自治体によってまちまちであり，教育機関での介護は，教育機関の責任（合理的な配慮）と考え，サービスの範囲から除外する自治体がある。その一方で，教育機関では，個人的サービスなので合理的配慮を提供する範囲にあたらない，とした場合，十分教育を受ける本質的な能力がありながら，教育から排除されるという事態が生じる。人件費は，合理的配慮にかかるコストでもかなり大きな比重を占め，授業のある時間（休憩時間を含む）すべてで介護者を雇用すると，年間1000万円近いコストが生じる。これを個人に負担させるのは，平等な社会とは言い難い。排泄にせよ移動にせよ，障害者が実際に困難をきたしている以上，ユニバーサルデザインとして不十分な設計と考えても良いだろう。その施設を事務・事業の範囲で高等教育機関が提供している以上は，合理的配慮の提供が必要だと思われる。また，逆に障害者総合支援法が介護者の利用範囲を規定することにも違和感を覚える。高等教育機関で提供されるから，不要であることを明確にする前から，一方的に利用範囲を規定する行為は，不当ではないかと思われる。

　あまり明確に規定されていないが，ASDの学生は交渉が上手ではなく，学生相談所のスタッフが本人の意図を翻訳・通訳する役割を担っていることが少なくない。これはコミュニケーションに関して人的配慮をしていることになり，多くのケースで明確な意思表明がないままに自然と行われている。これを合理的配慮と考えれば，膨大なコストが発生する一方で，かなり多くのASD学生の困難が解消されるだろう。欧米ではおそらくこのような翻訳・通訳する役割は個人的サービスとして，公的な配慮の対象とはしていないと思われる。第10章で述べるように，欧米でASDの配慮が進まない要因は，このように交渉の段階で配慮をしないので，結局交渉自体が進まないからかもしれない。

5 | 障害者差別解消法の範囲外の合理的配慮と，感情的な配慮

　合理的配慮は事務・事業において，義務として規定されている。しかし␣なが

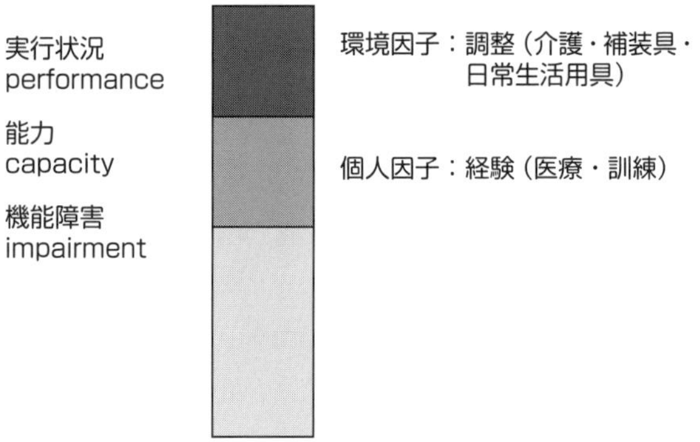

実行状況 performance	環境因子：調整（介護・補装具・ 日常生活用具）
能力 capacity	個人因子：経験（医療・訓練）
機能障害 impairment	

図4-1　統合モデル

ら，対人関係など事務・事業とは言い難い社会参加の機会でも，障害のあるものは困難をきたす。例えば，学生同士の宿泊旅行やサークルやゼミの合宿など，判断が難しい場面は少なくない。また，家族による家庭生活での合理的配慮の提供は障害者差別解消法では規定されていないが，家族の対応が不十分なために，高等教育機関まで進学できない障害者もいるだろう。障害者差別解消法で明示的にカバーされない領域の支援についても検討が必要である。

　合理的な配慮が重要であるのと同時に，感情的な配慮も必要だと考える。障害者に対して排除的な態度を示すことは現代社会ではあり得ない。その一方で，合理的配慮に肯定的な言動・行動をしながらも，合理的配慮により生じる負担感が態度に表れ，本人に伝わることもある。このような態度を示されると，障害のある学生はひどく落胆する。合理的配慮の提供にあたって周囲の関係者に負担が生じることは否定しがたいが，負担の源は障害のある学生ではなくて，十分にユニバーサルではない社会の問題だという理解があれば，否定的な態度は生じないだろう。

6 ｜ おわりに

　合理的配慮の提供は高等教育機関の使命だが，障害のある学生が必要とする支援の一部であることを認識している必要がある。ここまで述べたように，医療・訓練，介護・補装具・日常生活用具の位置づけについて十分なコンセンサ

スはないが，障害者差別解消法と障害者総合支援法を，「統合モデル」（図4-1）に沿って高等教育機関と「地域」の垣根を越えて運用ができるなら，事態を整理することができるかもしれない。

【引用・参考文献】

1）　厚生労働省. 障害者の日常生活及び社会生活を総合的に支援するための法律 2012　https://www.mhlw.go.jp/seisakunitsuite/bunya/hukushi_kaigo/shougaishahukushi/sougoushien/dl/sougoushien-02.pdf.
2）　文部科学省: 国立大学法人法　2003
3）　世界保健機構. ICF 国際生活機能分類——国際障害分類改訂版　中央法規出版　2001
4）　Scudellari M.: How iPS cells changed the world. *Nature*, 534; 310-312, 2016.
5）　厚生労働省. 身体障害者福祉法 1949　https://elaws.e-gov.go.jp/document?lawid= 324AC1000000283.
6）　内閣府. 障害を理由とする差別の解消の推進に関する法律 2013　https://www8.cao.go.jp/shougai/suishin/law_h25-65.html.
7）　Mallinson J.E., Murton A.J.: Mechanisms responsible for disuse muscle atrophy: potential role of protein provision and exercise as countermeasures. *Nutrition*, 29; 22-28, 2013.
8）　Lord C., Elsabbagh M., Baird G., et al.: Autism spectrum disorder. *Lancet*, 392; 508-520, 2018.
9）　Posner J., Polanczyk G.V., Sonuga-Barke E.: Attention-deficit hyperactivity disorder. *The Lancet*, 395; 450-462, 2020.
10）　Peterson R.L., Pennington B.F.: Developmental dyslexia. *Lancet*, 379; 1997-2007, 2012.
11）　National Institute for Health and Care Excellence. Attention deficit hyperactivity disorder: diagnosis and management 2018　https://www.nice.org.uk/guidance/NG87.
12）　National Institute for Health and Care Excellence. Autism spectrum disorder in adults: diagnosis and management 2012　https://www.nice.org.uk/guidance/cg142.
13）　National Institute for Health and Care Excellence. Depression in adults: recognition and management 2009　https://www.nice.org.uk/guidance/cg90.
14）　National Institute for Health and Care Excellence. Social anxiety disorder: recognition, assessment and treatment 2013　https://www.nice.org.uk/guidance/cg159.
15）　大谷實　新版 精神保健福祉法講義　成文堂　2010
16）　National Institute for Health and Care Excellence. Psychosis and schizophrenia in adults: prevention and management 2014　https://www.nice.org.uk/guidance/cg178.
17）　National Institute for Health and Care Excellence. Bipolar disorder: assessment and management 2014　https://www.nice.org.uk/guidance/cg185.
18）　厚生労働省　中央労働災害防止協会　改訂 心の健康問題により休業した労働者の職場復帰支援の手引き 2010　https://www.mhlw.go.jp/new-info/kobetu/roudou/gyousei/anzen/dl/ 101004-1.pdf.

第 **5** 章

意思表明と
それを支える相談体制

この章で学ぶべきこと

- 障害のある学生が意思表明をするために整備すべきことを確認する。
- 障害のある学生が意思表明に至るまでのプロセスと意思表明に導くかかわり，意思表明を支える相談体制のあり方について理解する。

1 意思表明とは

「障害を理由とする差別の解消の推進に関する法律」（以下，障害者差別解消法）第七条二（第八条二）では，「行政機関等（事業者）は，その事務又は事業を行うに当たり，障害者から現に社会的障壁の除去を必要としている旨の意思の表明があった場合において，その実施に伴う負担が過重でないときは，障害者の権利利益を侵害することとならないよう，当該障害者の性別，年齢及び障害の状態に応じて，社会的障壁の除去の実施について必要かつ合理的な配慮をしなければならない。」と記されている[1]。すなわち，第1章「3.1 合理的配慮を提供するべき状況の要件」（14頁）にてすでに述べられたとおり，高等教育機関において合理的配慮とは，障害のある学生本人より，社会的障壁の除去を必要とする旨の意思の表明がなされてはじめて検討されるものになる。

障害のある学生自らがその意思を表明するために，高等教育機関ではどのような整備をしておくことが求められるのか。障害のある学生が意思表明に困難を示す場合や，意思表明はなくとも社会的障壁の除去を必要としていることが明白である場合に，障害のある学生を取り巻く教職員はどのようにかかわり，高等教育機関としてどのような体制をもって対応することが望ましいのか。本章では，障害のある学生の意思表明のために求められる整備や，障害のある学生が意思を表明するまでのいくつかのプロセスと，それを支える相談体制について述べる。

2 意思表明のための整備

障害のある学生が社会的障壁の除去を求める意思を表明する際には，本人が必要とするコミュニケーション手段を用いることが認められている。「障害を理由とする差別の解消の推進に関する基本方針」（以下「基本方針」）とは，障害を理由とする差別の解消に向けた，政府の施策の基本的な方針を示すものであり，「第2.3 (1) 合理的配慮の基本的な考え方」において，「意思の表明に当たっては，具体的場面において，社会的障壁の除去に関する配慮を必要として

いる状況にあることを言語（手話を含む。）のほか，点字，拡大文字，筆談，実物の提示や身振りサイン等による合図，触覚による意思伝達など，障害者が他人とコミュニケーションを図る際に必要な手段（通訳を介するものを含む。）により伝えられる。」と記されている[2]。したがって高等教育機関は，障害のある学生が必要とするコミュニケーション手段を用いて意思表明できるような体制を，あらかじめ整備しておく必要がある（例えば手話について，手話通訳派遣の依頼先をあらかじめ調べておき，そのための予算も確保しておくなど）。

　また，学内に障害学生支援の担当窓口を設けて，誰もがアクセスしやすい方法にて周知し，併せて支援体制や支援手続き，支援事例といった支援に関する諸情報も閲覧できるようにしておくことは，より円滑な意思表明の受理や，ひいては合理的配慮の提供につながる。なお，これらの周知にあたっては，さまざまな障害のある学生が確実に情報にアクセスできるよう整備する。具体的には，例えば当該情報をホームページ等に掲載する場合であれば，音声読み上げソフトで読み上げ可能な仕様にしたり，動画を用いる場合では字幕を付したりするといったような情報アクセシビリティの配慮を行う。キャンパス各門から障害学生支援の担当窓口までの動線についても，誘導用ブロックの敷設や段差解消などのバリアフリーの施設整備を行い，移動のアクセスを確保する。

3 意思表明支援の必要性と意思表明に導くかかわり

3.1 意思表明支援の必要性

　障害のある学生への合理的配慮提供の検討は，当該学生からの意思表明により開始されるものであるが，基本方針「第2.3 (1) 合理的配慮の基本的な考え方」では，「本人の意思表明が困難な場合には，障害者の家族，介助者等，コミュニケーションを支援する者が本人を補佐して行う意思の表明も含む。」と規定されている。すなわち，障害のある学生の意思表明が困難な場合には，コミュニケーションを支援する者が当該学生の意思表明を補佐することが認められている。さらに，同項には，「意思の表明がない場合であっても，当該障害者が社会的障壁の除去を必要としていることが明白である場合には，法の趣旨

に鑑みれば，当該障害者に対して適切と思われる配慮を提案するために建設的対話を働きかけるなど，自主的な取組に努めることが望ましい。」とある。文部科学省の「障害のある学生の修学支援に関する検討会報告（第二次まとめ）」では，障害のある学生の意思表明がない場合であっても，社会的障壁の除去を必要としていることが明白であれば，当該学生に適切と思われる配慮を提案するためにまずは建設的対話を働きかけることや，そのために日頃から学生個々の特性やニーズの把握に努めること，障害のある学生自らが社会的障壁を認識して正当な権利を主張し，意思決定や必要な申出ができるように情報や自己選択・決定の機会提供などに取り組むことが望ましいと記されている[3]。

3.2　意思表明がない例とかかわり

　現に高等教育機関の支援現場では，主体的に意思を表明できる障害のある学生ばかりではなく，社会的障壁の除去が必要な状況に置かれていることが明白であっても，意思表明に到達することが困難な学生に遭遇することがある。以下，木村（2017）[4]と松﨑（2019）[5]を参考にして，合理的配慮があることは知っていながらも意思表明に到達することが困難な障害のある学生のいくつかの例と，教職員によるかかわりの例を示す。

　まず，社会的障壁の除去を必要としていることが明白であると考えられても，障害のある学生自身が，社会的障壁の除去を必要としないと主張することがある。障害のある学生が，自身の社会的障壁を深刻に捉えておらず何とかなると思っていたり，自身の障害に向き合うことを避けて社会的障壁の存在を認めたがらない状況にあったりするほか，社会的障壁のある状況がもはや常態化してしまって自覚的になれず，意思表明に到達しない例がみられる。また，そもそも雑多な情報をまとめあげて自分の状況を整理すること自体に困難が伴い，配慮を受ければ修学上の社会的障壁が解消されることにまで考えが及ばない場合もある。このような段階では，当該学生が自らの社会的障壁に気づけるよう，また，自己を理解して社会的障壁の存在と向き合っていけるよう，緩やかに促していくかかわりが求められる。

　次に，社会的障壁に自覚的で，修学上の明確な困りごとがある学生の場合でも，社会的障壁の除去を求めずに自己完結してしまう例がある。他人に頼りた

くないという気持ちが先行したり，困惑しながらも自分自身でどうにかしなければならないと思い込んでいたりして，社会的障壁の除去の意思を表明しない選択をする。このような段階では，少し回り道ではあるかもしれないし状況によることもあろうとは思うが，直接的に意思表明へ誘導するというよりは，現時点での学生本人の意思を十分に尊重しながら，社会的障壁のうち自分で解決できることと，合理的配慮があればより解決につながることを，ともに整理するかかわりが求められる。その結果，最終的に，学生自らが意思表明することを決心できれば，それが最も望ましいあり方であろうと思う。

　次いで，社会的障壁に自覚的で，修学上の明確な困りごとがあり，障害学生支援の窓口などに相談することを検討しながらも，躊躇する例がある。例えば，合理的配慮を依頼することで，個人情報が漏れて皆に自分の障害がばれてしまうのではないかと不安になったり，合理的配慮への期待の低さから，どうせ相談しても理解してもらえないだろう，どうにもならないだろうと諦めがちになったりすることがある。また，現に自覚している社会的障壁が，障害特性ゆえの障壁なのか自身の能力不足ゆえなのかがわからないといった迷いから相談することを躊躇したり，あるいは単に忙しかったり面倒だったりすることから相談に至らない例もある。このような段階では，学生の不安が解消されるよう，配慮に関する詳細情報や事例，障害学生支援の窓口などに相談することのメリットをさまざまな形で伝えて，相談に導くかかわりが求められるであろう。

　最後に，いよいよ障害学生支援の窓口などに相談する決意をしたものの，いざ実行する段階で躓く場合がある。例えば，高校までの学校生活では配慮の意思表明をする機会経験に乏しく，相談スキルを持ち合わせていないことから，いざ相談しようとしたときに，内容を言語化できずに躓いてしまうことがあったり，窓口に行ったものの「担当者が忙しそう」「自分のために申し訳ない」などと遠慮してしまって，相談できずに引き返してしまったりすることがある。また，窓口の利用手続きの方法がわからないことから，相談する段階で躓く例もある。このような段階では，学生が意思を伝えるための技術を習得できるような教育的なかかわりをもつほか，相談しやすい環境作りや，先と同様に合理的配慮のメリットを伝えて，意思表明の実行へと背中を押すようなかかわりが求められる。

いずれの段階でも，学生自身がなぜ社会的障壁の存在を認めようとしないのか，なぜ自分自身でどうにかしなければならないと思い込んでいるのか，常に諦めがちなのであろうかなどといった，学生本人の態度の背景にある状況を推察したうえでかかわることが大切であろう。

4 意思表明を支える相談体制

4.1 相談体制の例

すでに多くの高等教育機関では，教育的支援（第4章「3 訓練」，57頁）の一環として，障害のある学生に自己理解と社会的障壁の自覚を促すとともに，法制度や学内支援体制，支援内容といった情報を提供して，学生自身が主体的に意思表明を実行できるよう導く取り組みが行われている。また実際に，障害のある学生が意思表明をしたあとにも，合理的配慮に係る個別具体的な検討に向けて，障害のある学生の建設的対話力を培うような働きかけや，学生本人の意思表明を補佐するような意思表明支援が行われていることもある。

意思表明に向けた取り組みの担い手については，特に精神障害や発達障害のある学生では，学生相談所などの相談機関である例も多い。例えば東京大学では，東京大学相談支援研究開発センターの相談支援部門（カウンセリング分野・メンタルヘルス分野）や，部局内に設置された学生相談室のスタッフが，主に精神・発達障害のある学生本人の意思表明を支える伴走者となって教育的支援（本人へのアプローチ；第4章「3 訓練」）を担うことが多い。そして，障害のある学生からの意思表明を受け付けたバリアフリー支援室がアドボケイト（ともに権利を主張する存在）の立場で，所属部局などの関係者とともに環境の側を調整して，合理的配慮を提供する（環境へのアプローチ）といった一連の流れが成立している。障害のある学生は，最初にどの窓口に相談にいってもよい。

このように，各窓口が連携していることを前提に，障害のある学生とかかわる窓口を学内にいくつか設けて，本人への教育的支援と合理的配慮を提供する体制は，多方面から当該学生の社会的障壁の除去につなげることができる点に

おいて有効であり，１つの組織体制例としてあり得る。あるいは，大学によっては，障害学生支援部署が積極的に本人にアプローチする教育的支援も担う組織体制例もある。窓口が一本化されていることは，障害のある学生にとってわかりやすいであろうし，各窓口が連携するよりも迅速な対応が可能になることが考えられる。どのような組織体制が望ましいかは，高等教育機関の規模や特色，理念や方針，全学組織体制のバランスなどによるものと思われる。実際には，そうはいっても双方の役割は明確に区分できるものではなく，そのときどきの場面に応じて，例えば障害学生支援部署が障害のある学生に寄り添い，自己理解と社会的障壁の自覚を促してエンパワメントしていくこともあり，個別例に応じて組織としての柔軟さを持ち合わせることが大切になるものと思う。

4.2　障害のある留学生の相談体制

　ここで少し，障害のある留学生の相談体制にも触れる。近年の留学生総数の増加を鑑みれば，その中には一定数の障害のある留学生が在籍していることが想定できる。

　障害のある留学生といっても一様ではなく，本人の機能障害や，生じる社会的障壁の別のほか，それぞれの出身国における文化的背景や法的背景により配慮に関する考え方が異なる傾向がみられる。例えば，障害学生支援の取り組みが未だ十分に浸透していない国からの留学生では，自身の障害を開示することや，合理的配慮の提供に抵抗を示し，意思表明に至らない例もある。また，そもそも「配慮」そのものの概念が伝わらず，意思表明に導くことが難しい例もある。一方で，障害学生支援の先進国からの留学生では，例えば，日本とは法的背景が異なることで，高等教育機関が提供できる合理的配慮の内容に相違が生じる場合もあり，合意形成に不足のない説明が求められる場合もある。

　障害のある留学生において，円滑な意思表明と，その先の合理的配慮につなげるためには，留学生担当の教職員との連携が不可欠になる。まずは，事前に，留学生担当の教職員を通じて障害のある留学生へ，日本における障害学生支援に係る法律や，当該高等教育機関における障害学生支援の体制や制度に関して，できる限り多くの適切な情報を提供しておくことが望ましい。留学生それぞれに対して個別的な情報を提供するほか，例えば留学生が閲覧するホームページ

やハンドブックなどにも，あらかじめ配慮に関する情報を記載しておくことは，円滑な意思表明につながる一助になると思われる。

　また，入学時には，それぞれの出身国における文化的背景などを熟知する留学生担当の教職員が，障害のある留学生の最も身近な存在として，留学生自身が主体的に意思表明を実行できるようかかわる例もある。さらに，障害のある留学生が，社会的障壁の除去を必要とする旨の意思の表明に至り，合理的配慮に係る個別具体的な検討を行う段階でも，障害によらず発生する言語や文化の壁については留学生担当の教職員が対応し，障害学生支援担当の教職員が環境の側を調整して，合理的配慮を提供するといった体制例もある。

　障害のある留学生への対応に限ったことではないが，特定の部署で案件を抱え込まず，関連する部署間での連携体制を構築することが最も大切なポイントであろう。

4.3　意思表明を支える相談体制の必要性

　いずれにしても，学内に障害のある学生の意思表明を支える機能を置くことは，高等教育機関が法令遵守として求められる合理的配慮をより円滑に提供するために欠かせない取り組みであろう。障害のある学生の意思の形成に寄り添うこと自体は，障害者差別解消法の義務又は努力義務の範囲には該当しないかもしれないが，これらの取り組みと，合理的配慮の提供がなされてようやく，障害のある学生が真に他の学生と平等に教育を受ける権利を享有・行使することが確保されると考える。なお，意思表明のための支援とは，あくまでも障害のある学生が自分自身で意思を決定し，表明できるようになるための支援であって，すべては学生本人との対話をもとになされることは忘れてはならない。

【引用・参考文献】

1）　内閣府. 障害を理由とする差別の解消の推進に関する法律 2013　https://www8.cao.go.jp/shougai/suishin/law_h25-65.html.
2）　内閣府. 障害を理由とする差別の解消の推進に関する基本方針 2015　https://www8.cao.go.jp/shougai/suishin/sabekai/kihonhoushin/honbun.html.
3）　文部科学省. 障害のある学生の修学支援に関する検討会報告（第二次まとめ）2017　https://www.mext.go.jp/b_menu/shingi/chousa/koutou/074/gaiyou/1384405.htm

4)　木村真人　悩みを抱えていながら相談に来ない学生の理解と支援　教育心理学年報, 56: 186-201, 2017
5)　松﨑丈　聴覚障害学生支援における合理的配慮をめぐる実践的課題　宮城教育大学紀要, 53: 255-266, 2019.

各論：障害種別に考える
障害学生支援

第 **6** 章

視覚障害

1 概要・定義

1.1 視覚障害とは

　視覚障害とは，眼球，視神経及び大脳視中枢などで構成される視覚系のいずれかの部分に障害が起き，見えにくいまたは見ることが難しい状態が継続することをいう。視覚的な情報をまったく得られない，またはほとんど得られない「盲」と，文字の拡大や視覚補助具等を使用し保有する視力を活用できる「弱視」に大きく分けられる。「盲」「弱視」とひと口に言っても，視力があるかないかの状態ではなく，「盲」とは，明暗の区別のつかない状態も指すが，明暗の区別はつく状態（光覚弁），目の前で手を振ると動いているか止まっているかわかる状態（手動弁）も含む。また，「弱視」には，視力が低い状態のほかに，見える範囲が狭い状態，光をまぶしく感じる状態，明るいところではよく見えるのに，夜や暗いところでは見えにくくなる状態（夜盲）も含む。

　身体障害者福祉法では，視力障害と視野障害に区分される。障害等級の認定基準は一部が改正され（2018年7月1日から適用），視力の良い方の眼の視力が0.3以上0.6以下かつ他方の眼の視力が0.02以下のものからが身体障害者手帳の交付対象となった[1]。両眼の視力は別々に測定し，良い方の眼の視力と他方の眼の視力とで等級表から等級を求める。等級の換算表の横軸には視力の良い方の眼の視力，縦軸には他方の眼の視力が示されている。なお，障害程度等級でいう「視力」とは，「矯正視力」を指す。

　本章では，視覚の機能障害により，現在の修学環境では活動・参加に制限・制約をきたす状態にある学生を視覚障害のある学生として述べる。

1.2 視覚障害のある学生の概要

　保有する視力をほとんど活用しない盲の学生の場合では，音声，触覚，嗅覚など，視覚以外の情報を手がかりに周囲の状況を把握する。文字を読むことと書くことに関しては，音声読み上げソフトを用いてパソコンなどで対応することが多く，併せて点字を使用する学生もいる。移動時は，白杖を持ち単独で歩

行する場合のほか，ガイドヘルパーや盲導犬と移動する場合もある。

　弱視の学生で視力をある程度活用する学生の場合では，補助具を使用したり，文字を拡大したり，近づいて見たりと，さまざまな工夫をして視覚情報を得ている。盲の学生と同様に，パソコン等で音声読み上げソフトを活用する場合もある。ただ，視力を活用しても，遠くのものや小さいもの，動いているものを見ることが難しい場合があったり，大きいものの全体像を把握することに困難があったり，読み書きに時間がかかったり負担が大きかったりすることもある。移動時には白杖を用いない学生も多く，一見して視覚障害があることがわからない場合も多い。

2 | 障害に関連する疾患

　ここでは，視覚障害に関連する疾患について，身体障害者障害程度等級における視覚障害の区分である視力障害，視野障害の別にみていく。まず視力障害に関連する疾患について部位別にみれば，光が網膜に到達するまでの経路の障害による疾患に，角膜腫瘍などの角膜疾患や白内障などがある。網膜部位の障害による疾患には糖尿病網膜症，網膜色素変性症，脈絡網膜萎縮，黄斑変性などがあり，また，視神経・視路部位の障害による疾患には，視神経萎縮や緑内障などがある。

　次いで，視野障害については，ここでは狭窄，暗点，半盲に区分したうえで，狭窄とは視野範囲が狭くなった状態であり，その中でも，周辺からほぼ均等に視野全体が狭くなる求心性視野狭窄は，網膜色素変性症や後期の緑内障などの疾患の症状として現れる。ある部分だけが欠損して見えない不規則性視野狭窄は，網膜剝離や初期の緑内障などの疾患の症状として現れる。暗点とは，視野内に見えない領域がある状態で，視野の中央部のみが見えない中心暗点や，中央と周辺の視野を残し，中間部のみドーナツ状に見えない部分がある輪状暗点などがあり，網膜色素変性症や視神経炎などの疾患の症状として現れる。半盲とは，視野の半分が見えなくなる状態で，両眼の同側が欠損される同名半盲と，両眼の反対側が欠損される異名半盲といった種類がある。

3 | 疫学

「平成28年度生活のしづらさなどに関する調査（全国在宅障害児・者等実態調査）」（厚生労働省）によれば，視覚障害者は31万2000人と報告されている[2]。また，高等教育機関に在籍する視覚障害のある学生数は，「令和２年度障害のある学生の修学支援に関する実態調査」（日本学生支援機構）の結果によれば767人（全障害学生数の2.2％）とされ，同調査が開始された平成17年度の510人以降，257人増となっている[3]。また，767人の内訳は，盲133人に対して，弱視が634人と圧倒的多数を占める点が特徴的といえる。ここでの盲とは，視覚による教育が不可能又は著しく困難で，主として触覚及び聴覚など，視覚以外の感覚を利用しての教育が必要な程度と定義され，弱視とは，視覚による教育は可能であるが，文字の拡大など教育上特別の配慮が必要な程度（視野障害や，明るいところがまぶしく感じる羞明や暗いところが見えにくい夜盲等の明暗順応の障害を含む）と定義されている。なお，同調査における視覚障害のある学生とは，身体障害者手帳所持者に限定されず，健康診断などにおいて障害があることが明らかになった学生を含むとされる。

4 | 機能障害

ICF（国際生活機能分類）の心身機能の分類では，主に第２章「感覚機能と痛み」の「視覚および関連機能」に関連する[4]。

身体障害者福祉法における身体障害者障害程度等級では，失明とは眼球を亡失（摘出）したもの，明暗を弁じ得ないもの及びようやく明暗を弁ずることができる程度のものと分類され，光覚弁（明暗弁）又は手動弁が含まれるとある。光覚弁とは，暗室にて被験者の眼前で照明を点滅させ，明暗が弁別できる視力をいう。手動弁とは，検者の手掌を被験者の眼前で上下左右に動かし，動きの方向を弁別できる視力をいう。なお，指数弁が認識可能な視力については，2018年７月１日障害等級認定基準の一部改正によって，失明に含まれないこととなった。指数弁とは，検者の指の数を答えさせ，それを正答できる最長距

離により視力を表すもので，「1m／指数弁」，「50cm／指数弁」，「30cm／指数弁」等と表記する。このうち「1m／指数弁」は視力0.02に，「50cm／指数弁」は視力0.01にそれぞれ相当するものとされるが，それより短い距離については，換算は困難とされる。

なお，身体障害者障害程度等級は，視覚障害が視力や視野などの観点から定義されているが，このほかに色彩の弁別能力に困難が生じる場合もある。それのみでは障害者手帳を取得できないが，色覚障害とは，視力や視野には問題がないものの，特定の色彩の弁別が困難な状態を指す。先天性と後天性があり，先天性の場合は遺伝性によるものであり，後天性では緑内障や網膜疾患などの眼疾患の1つの症状として現れる。また，光覚障害では，光の明るさの差を認識する能力に困難を示し，例えば，明るいところではよく見えるのに夜間や暗所で突然視覚が低下する夜盲や，白内障などにより日差しなどの光を非常に眩しく感じる羞明などが挙げられる。

高等教育機関の現場では，身体障害者手帳を取得していない場合であっても，学生から配慮要請がなされることがある。例えば，視覚機能の障害が軽度な例であったり，眼精疲労にみられるような不定愁訴の状態の例であったり，色覚障害や光覚障害であったりする例が想定できる。その場合ももちろん合理的配慮提供を検討する対象者となり，当該学生の視覚障害の状態や程度に係る情報のほか，過去に受けてきた配慮の情報などを複合的に勘案して，配慮の必要性を判断することになるが，視覚障害の状態を知るための根拠資料が十分でない場合には，当該学生に診断書等の提出を依頼することも1つの選択肢としてあり得る。ただし，建設的対話等を通じて必要性が明白であることが現認できる際には，根拠資料の有無にかかわらず実行可能な配慮を検討することもあり得ると考える。

5 | 高等教育に関連する活動制限・参加制約

ここからは，視覚障害のある学生にとっての修学上の活動制限・参加制約と，対応する合理的配慮の考え方について示す。

視覚障害のある学生にとって，高等教育機関の修学場面での活動制限・参加

制約は，主として読むこと，歩行と移動，コミュニケーションにおいて生じるといえる。例えば，講義形式の授業において，視覚障害のある学生では，書籍や配付資料，板書などといった文字情報を読むことにおいて制約が生じる。移動では，キャンパス内のほか，通学も含むさまざまな場所での移動に困難が伴うことから，授業を実施する教室に辿り着けないといったような困難が起こることも想定できる。コミュニケーションについては，例えばゼミ形式の授業で，教員と学生間との双方向のやりとりがなされる場面で，視覚障害のある学生は今，誰が発言しているかがわからなくなり，発言のタイミングがつかめず議論に参加しづらくなるといった制約も想定できる。

　なお，視覚障害のある学生の場合は，特に盲であるか弱視であるかによって，修学上の活動制限・参加制約が異なる点も多く，配慮の手段もまた，それに応じた個別具体的検討を要することになる。

6 ｜ 高等教育に関連する配慮とその合理性

　視覚障害のある学生への配慮の検討に関しては，その前提として，視覚障害の状態のほか，受障時期や，教育歴などの個別事情によって，必要な内容に相違があるとし，場面ごとに個別具体的に相談していく。特に視覚障害のある学生の受障時期からは，本人がもついわゆる見えていた経験と見えなくなった（見えにくくなった）経験を推測することができ，当該学生を知るにあたり重要な基礎資料となる。また，配慮は主に盲の学生の視覚機能を代替する配慮と，主に弱視の学生の保有する視覚機能を活用する配慮に大別でき，同じ「視覚障害」であっても，双方の配慮内容は大きく異なる。さらに，例えば同じ弱視の学生であっても，保有する視覚機能の状態はそれぞれであることから，より個別具体的な配慮が求められる。視覚障害とは，一見すると理解容易な障害である印象もあるが，実際には上記のような多様な状態と配慮内容が存在する。このことを念頭に置き，学生本人との対話の中で，詳細な障害の状態を把握しながら，配慮を実施していく点に留意する。

　配慮内容は，視覚障害のある学生と高等教育機関の関係者とが面談などを通じて，対話による相互理解のもと確定されることになり，当該学生と確実に対

話ができるような環境を事前に整えておく必要がある。そのため，ここで少し視覚障害のある学生との対話時の具体的な留意点に触れておく。例えば配慮内容を検討するために面談を実施するのであれば，対面であれば事前に当該学生へ面談会場までの移動状況を確認し，オンラインであればオンライン用のアプリやソフトウェアにアクセスできるかをあらかじめ確認しておく。また，面談時に資料を配付する場合には，希望する資料形態（拡大資料，テキストデータ，点字資料など）を確認したうえで準備する。対面での面談時には，部屋の様子や座席位置などの環境について口頭で説明したり，「発言前に名乗る，中座や遅れて加わったりする場合には一声かける」といったルールを共有するとよい。

以下に，各活動制限・参加制約に対する視覚障害のある学生への配慮とその合理性について述べる。

6.1 書籍・資料

視覚障害のある学生における，書籍・資料等を読むことの困難に関しては，視覚情報の代替手段あるいは視覚補償手段を提供できるような調整を行う。主たる配慮調整に，書籍や資料の「電子データ化」があり，視覚障害のある学生の見え方等に応じて，視覚情報の代替入手の手段や視覚補償の手段を選択（あるいは併用）する。電子データ化とは，書籍や資料を，そのままの形式で読むことに制約がある人のために，より利用しやすく読みやすい形式に加工する作

表6-1　電子データの種類と特徴

種類	① テキストデータ	② 点字データ	③ 画像データ	④ その他（マルチメディア）
内容	フォントやレイアウト等の情報がない文字だけのデータ	点字ディスプレイへの表示，点字印刷が可能な形式のデータ	資料をスキャンして画像形式（PDF，JPEGなど）にしたもの	音声を聞きながら絵や写真を見たり，読み上げた部分をハイライト表示したりする形式のデータ
特徴	音声読み上げソフト（スクリーンリーダー）での読み上げが可能。点字データへの加工も容易。	校正済みのテキストデータを自動点訳ソフトにかけると，かなりの精度で変換が可能。	拡大や縮小が自在にできるが，テキスト抽出ができない。	代表的な形式にDAISYがある。

業のことを指す。表6-1に電子データの種類と特徴を示した。特に高等教育機関での電子データ化の種類には，①テキストデータ，②点字データ，③画像データ，④その他（マルチメディア）がある。①について，フォントやレイアウト等の情報がない文字のみの「テキストデータ（.txt）」は，音声読み上げソフトを使用して，音声で資料を聞くための電子データであり，主に視覚機能の活用に制約をもつ盲の学生からの要請が高い。高等教育機関によっては，音声読み上げソフトを支援機器として，視覚障害のある学生に貸出す事例もみられる。また，②について，点字ディスプレイへの表示や，点字印刷が可能な形式の「点字データ」がある。上記①のテキストデータを自動点訳ソフトにかけることで，高度な精度で点字データに変換することができる。点字データは，点字を習得した視覚障害のある学生に適した手段になる。さらに，③について，書籍や資料をスキャンして画像形式（PDF，JPEGなど）にした「画像データ」がある。パソコンやタブレット上で，拡大・縮小が自在にできることから，保有する視覚機能を活用する弱視の学生の視覚補償手段として活用される。④その他として，読み上げ部分のテキストをハイライト表示するような形式のデータがある。視覚障害のある学生へは，以上のような電子データ化の配慮について，当該学生の視覚機能の状態，授業環境などによって検討することが可能である。

　高等教育機関での実態として，学生を組織して電子データ化作業にあたる方法が一般化されつつある。なお，電子データ化の配慮は，著作権法第三十七条第3項及び，図書館関係団体が共同で定めた「図書館の障害者サービスにおける著作権法第37条第3項に基づく著作物の複製等に関するガイドライン」に則り行うものとされる。

　その他，保有する視覚機能を活用する学生の場合には，各種支援機器を用いて書籍や資料を読む方法がある。支援機器には，いくつかの種類があり，また近年では端末に標準機能として搭載されているアクセシビリティ機能もあり，その中から，当該視覚障害のある学生の見え方や場面などに応じて選定することになる。なお，これらの支援機器に関しても，高等教育機関側から視覚障害のある学生へ貸出しを行う事例もある。

　このように，視覚障害のある学生は，電子データ化や支援機器によって，書

籍や資料の情報を入手することになるが，例えば1冊の書籍を電子データ化するにはかなりの日数を要し，障害のない学生が気軽に書籍を手に取るようにはいかない。支援機器等を利用して，書籍を読む場合であっても，機器を操作しながら拡大した文字を目で追うには時間を要する。視覚障害のある学生が書籍や資料を「読む」ことができる環境を調整することに加え，読むために他の学生より要する時間という障壁に対しても配慮が必要な場合もある。

6.2 スライド・板書

授業で用いるスライドは，個々の視覚障害のある学生が希望するデータ形式を準備し，事前に当該学生へ提供できるような配慮調整がある。また，スライドや板書を使用する際の共通配慮事項として，教員がスライドや板書の内容を読み上げることが一般的な配慮になり得る。ただし，読み上げの際に指示語が多用されると，視覚障害のある学生は，その指示語が何を指しているのか把握することができずに内容理解が困難になることから，なるべく具体的な言葉に置き換えて説明することが配慮となる。弱視の学生の場合には，学生自身がタブレットなどを用いてスライドや板書を撮影し，手元で拡大して見る方法もあり，その場合には事前に，授業時の撮影許可を取ることも含めて配慮となる。また，スライド作成や板書の際には，弱視の学生に対して，地色と文字とのコントラストがはっきりした色で，できるだけ大きめの文字を書くといった配慮が考えられる。また，教室では，スライドや板書が見やすい座席位置を確保する方法もある。教室の照明の度合いや光の差し込む角度，学生の見え方等によって見やすい位置は1人ひとり異なるため，学生本人と座席位置を相談することが望ましい。

その他，視覚障害のある学生が，自身の発表用スライドを作成しなければならないこともある。学生サポートスタッフなどを配置し，あくまでも視覚障害のある学生の視覚的情報の処理を代行する形で，当該学生の指示のとおりスライドを作成する配慮もあり得る。

6.3 試験

視覚障害のある学生が試験を受ける際は，問題用紙と解答用紙への文字のア

クセスを可能にするために，さまざまな配慮を工夫する。弱視の学生であれば，問題用紙と解答用紙を拡大したり，マークシート形式の解答の場合には，マークシートの細かな囲みを塗りつぶすのではなく，解答の選択番号を筆記する形式に変更したりといった配慮がある。問題用紙と解答用紙の拡大にあたっては，当該視覚障害のある学生の見え方に応じた拡大率が求められることから，本人に，希望するフォントや文字の大きさ（ポイント数）を事前に確認しておくとよい（大学入学共通テストでは14ポイントと22ポイント）。視覚障害のある学生が進行性の疾患をもつ例も想定されることから，必ずその都度の確認を徹底する必要がある。点字を習得している学生については，問題用紙を点訳し，解答も点字で行う方法がある。図表については，その内容を文章化して示したり，触図化したりして伝達することもある。ちなみに，これらの配慮を実施する場合には，多くは別室にて試験時間を延長（大学入学共通テストでは点字：1.5倍，拡大文字：1.3倍）する配慮も併せて行われる。なお，現状で大学入学共通テストでの視覚に関する配慮事項には含まれていないものの，視覚障害のある学生が音声読み上げソフトが搭載されたパソコンを使用して，電子データの問題用紙を聞いて内容を把握し，電子データの解答用紙にパソコンで入力するという方法も，配慮として合理的となり得る。

6.4 討議

ゼミやグループワークのような討議形式の授業場面では，視覚障害のある学生にとって，コミュニケーション上の困難さが生じることがある。例えば，教員と複数の学生間とで双方向のやりとりがなされる場面では，視覚障害のある学生は今，誰が発言しているかがわからなくなり，話し始めるタイミングをつかめず，議論に参加できなくなることも想定される。そこで，例えば，討議形式の授業では，話が始まる前に一回り自己紹介をする，席を外すときや戻ってきたときには一声かける，発言者は名乗ってから発言するなどのルールを設定し，出席者全員に周知することも１つの有効な配慮といえる。

6.5 移動

視覚障害のある学生の移動には大きな困難が生じ，確実で安全な移動を補償

するためには，歩行の手がかりが示される施設を整備する必要がある。施設改善にあたっては，時間や費用を要する場合も多く，視覚障害のある学生の入学・進学・復学が決定した段階から，迅速に対応を進めることが望まれる。施設設備は一度作ってしまうと変更が難しいこともあり，視覚障害のある学生と学内関係者が，実際に当該学生が行動する範囲の施設に出向き，現場での検証を実施して，必要な施設改善案を出し合いながら慎重に確定したい。視覚障害のある学生の移動困難に対応する施設設備の代表例に，視覚障害者誘導用ブロックや看板表示（サイン）などがあり，キャンパスの主要門から視覚障害のある学生の授業の建物，窓口，教室へとつなぐ。視覚障害者誘導用ブロック上に自転車や車が駐輪・駐車したり，立て看板が置かれたりすることのないよう，全学構成員をはじめ，納品等で入構する業者に対しても，口頭やポスター掲示などにより周知することが求められる。

　キャンパス内において，障害のある学生に対応した施設改善を行う際の考え方には，「特定の障害のある学生個人に合理的配慮を提供する観点」のほか，「環境整備（ユニバーサルデザイン）の観点」がある。環境整備の観点とは，不特定多数の障害者にとって障壁のない環境をあらかじめ整備しておくという考え方であり，第3章「環境整備（ユニバーサルデザイン）」と第8章「肢体不自由　6.3 施設改善」（110頁）にて詳細を述べている。なお，個別の障害のある学生への合理的配慮としての施設改善は短期的に実行しつつ，中長期的には，環境の整備の位置づけとして，キャンパス全体のバランスがとれた施設設備の充実を図ることが望ましいあり方といえる。

7 ｜ 実務上の留意点

7.1　実験場面における配慮

　視覚障害のある学生の実験における配慮は，最も試行錯誤を重ねる場面の1つといえる。TA（ティーチング・アシスタント）などの支援者を配置する事例もみられるが，支援者はあくまでも視覚障害のある学生の指示に従って機器や装置を扱って計測するなど，視覚面での補助の役割のみを担う。一方で，実

験デザインを検討し，実験データを解釈するような実験授業の本質にかかわる作業は，視覚障害のある学生本人が行う。アメリカ化学会の「障害をもつ化学者委員会」によって作成された「障害学生のための化学教育」[6]（Pagano & Ross, 2015）に実験時配慮の記述があり，東京大学先端科学技術研究センターのインクルーシブ・アカデミア・プロジェクトのホームページに翻訳資料が掲載されており参考になる[7]。実験時の障害学生支援においては，安全配慮義務の観点も考慮しつつ，学生とともにあらゆる合理的配慮の可能性を検討する過程こそが重要であり，検討せずに実験・実習の機会を奪ってしまうことは，あってはならない。

7.2　進行性疾患をもつ場合

最後に，進行性の疾患をもつ視覚障害のある学生について触れる。高等教育機関での配慮実践の現場では，例えば網膜色素変性症のような進行性の視覚障害のある学生に対応するケースは，決して少数事例ではないといえる[8]。入学時には，まだそれほど配慮を要請する障害の状態になく，教室前方に優先席を設けたり，支援機器を活用したりすることで制約が解消されることも多い。しかし，進行程度の差はあるが，視覚機能の低下に伴って徐々に，今まで見ることのできた文字ポイントの資料では対応が難しくなるといった変化を辿っていくこともある。日中の日差しの眩しさに対処する遮光メガネをかけるようになったり，夜間の見えづらさに対応するために白杖を使用するようになったり，音声読み上げソフトなどの支援機器の操作技術を習得していくといった変化もみられるかもしれない。当該学生との定期的な面談を欠かすことなく，障害の進行状態を確認しながら，配慮内容を見直す作業が不可欠になる。このときに，現時点での進行段階に加え，将来的に発生し得る障害の状態の変化と，それに伴う配慮内容の変更についても，当該学生自身の障害の受容の状況などを見つつ心に添いながら，じっくりとある程度の見通しを立てておくと，今後のより円滑な配慮につながることと思われる。

【引用・参考文献】

1) 厚生労働省. 身体障害者福祉法 1949 https://elaws.e-gov.go.jp/document?lawid=324 AC1000000283.
2) 厚生労働省社会・援護局障害保健福祉部. 平成28年生活のしづらさなどに関する調査（全国在宅障害児・者等実態調査）結果 2018 https://www.mhlw.go.jp/toukei/list/dl/seikatsu_chousa_c_h28.pdf.
3) 独立行政法人日本学生支援機構. 令和2年度障害のある学生の修学支援に関する実態調査 2020 https://www.jasso.go.jp/statistics/gakusei_shogai_syugaku/_iceFiles/afieldfile/2021/10/18/report2020-published.pdf
4) 世界保健機構　ICF 国際生活機能分類――国際障害分類改訂版　中央法規出版　2001
5) 鳥山由子他編　視覚障害学生サポートガイドブック――進学・入試から卒業・就職までの実践的支援ノウハウ　ジアース教育新社　2015
6) Pagano, T. & Ross, A.D. Teaching Chemistry to Students with Disabilities: A Manual for High Schools, Colleges, and Graduate Programs Edition 4.1, 2015 https://scholarworks.rit.edu/ritbooks/2/
7) 東京大学先端科学技術研究センターインクルーシブ・アカデミア・プロジェクト. 障害学生のための化学教育, 2019 https://idl.tk.rcast.u-tokyo.ac.jp/isd-20190709-1/
8) 中野泰志　ロービジョンケアの実際――視覚障害者のQOL向上のために第2版　高橋広編　医学書院 2006

第 7 章

聴覚障害

1 | 概要・定義

1.1 聴覚障害とは

　聴覚障害とは，医学的には，外部の音声情報を大脳に送るための部位（外耳，中耳，内耳，聴神経）のいずれかに障害が起きることで，聞こえにくい，あるいは聞こえなくなる状態が継続することをいう。外耳から中耳に聞こえにくさの原因があるものを「伝音性難聴」，内耳から聴神経にかけて原因があるものを「感音性難聴」といい，感音系と伝音系の両方に原因がある場合を「混合性難聴」という（詳細は後述）。

　聴覚障害の程度は，デシベル（dB）という音の大きさを表す単位を用いて示す。聴力に問題がない場合には0デシベル程度の音から聞くことができ，聴覚障害の程度が重度になるほど，デシベルの数値が大きくなる。身体障害者福祉法においては，「70デシベル以上あるいは一側耳の聴力レベルが90デシベル以上で他側耳の聴力レベルが50デシベル以上」から，聴覚障害の身体障害者手帳の交付対象となる。[1]

　本章では，聴覚の機能障害により，現在の修学環境では活動・参加に制限・制約をきたす状態にある学生を聴覚障害のある学生として述べる。

1.2 聴覚障害のある学生の概要

　ひと口に聴覚障害といっても，「音量が小さくなったようになり，聞き取りづらくなる」「音質が歪んだようになり，音は聞き取れるが内容が聞き分けにくくなる」「補聴器をつけても音や音声がほとんど聞き取れなくなる」など，聞こえの状態は，1人ひとりの学生によって大きな差異がある。

　コミュニケーション方法では，手話，筆談，口話，聴覚活用などがあるが，聴覚障害のある学生の聞こえの状態のみならず，聴覚障害が生じた時期や教育歴などによって1人ひとり異なり，その方法の選択は本人のアイデンティティと深く結びついている場合もある。また，コミュニケーション方法は，どれか1つがあれば十分ということはなく，聴覚障害のある学生は複数の手段を組み

合わせたり，話す相手や場面によって使い分けたりすることもある。

2 | 障害に関連する疾患

　ここでは，聴覚障害に関連する疾患についてみていく。聴覚障害は，失聴時期によって，先天性聴覚障害と後天性聴覚障害に分類することができる。先天性聴覚障害とは，遺伝的な要因や妊娠中の母体のウイルス感染（風疹，サイトメガロウイルスなど），早産などによるものであり，後天性聴覚障害は，出産後の幼少期の感染症や薬剤，頭部外傷，過度の騒音，加齢などによるものである。

　また，聴覚障害は，前述のとおり障害の部位により「伝音性難聴」「感音性難聴」「混合性難聴」に分類することができる。伝音性難聴とは，外耳道，鼓膜，中耳のいずれかの障害に起因する難聴の総称で，遺伝性，中耳炎，耳の外傷，耳硬化症などによるものである。補聴器などで音を増幅すれば，聴取効果は比較的認められ，さらに医学的に治療による改善が可能な場合もある。また，聞こえの程度は比較的軽度とされる。感音性難聴とは，内耳，聴神経のいずれかの障害に起因する難聴の総称で，感染症，薬剤，過度の騒音，頭部外傷，遺伝性，加齢などによるものである。内耳の構造は非常に複雑であることから，現在の医学では治療法はまだ確立されていない。音が歪んだり響いたりして聞こえ，語音明瞭度（言葉を聞き取る力）が低下し，補聴器等による聴取効果は伝音性難聴ほどには得られにくいとされる。混合性難聴とは，伝音性難聴と感音性難聴双方の状態を併せ持ち，難聴が生じた状態を指す。

3 | 疫学

　「平成28年度生活のしづらさなどに関する調査（全国在宅障害児・者等実態調査）」（厚生労働省）によれば，聴覚・言語障害者は34万1000人と報告される。言語障害者との区別は困難であるものの，身体障害者手帳を取得する聴覚障害者例のおよその人口統計とされている。

　また，高等教育機関に在籍する聴覚障害学生数は，「令和2年度障害のある

学生の修学支援に関する実態調査」（日本学生支援機構）の結果によれば1798人（全障害学生数の5.1％）とされ，同調査が開始された平成17年度の1132人以降，666人増となっている。[3] 1798人の内訳は，聾516人，難聴1233人（その他，言語障害のみ49人）であり，難聴の学生の方が多数を占める。ちなみに，ここでの聾とは，両耳の聴力損失60デシベル以上，又は補聴器等の使用によっても通常の話声を解することが不可能，又は著しく困難な程度と定義され，難聴とは，両耳の聴力損失60デシベル未満，又は補聴器を使用すれば通常の話声を解することが可能な程度と定義づけられている。

4 | 機能障害

4.1 聴覚の機能障害

ICF（国際生活機能分類）の心身機能の分類では，主に第2章「感覚機能と痛み」の「聴覚と前庭の機能」と，第3章「音声と発話の機能」の「構音機能」に関連する。[4] 構音機能について，聴覚障害のある人の場合には，聴覚の障害により二次的に話し言葉（音声言語）の明瞭度が低下する聴覚性の構音障害を指す。

表7-1に，聴力レベルによる聴覚障害の程度と聞こえの状況を示した。聴力レベルによる聴覚障害の程度は，軽度（25dB以上40dB未満），中等度（40dB以上70dB未満），高度（70dB以上90dB未満），重度（90dB以上）で表される（難聴対策委員会，2014）。[5] 聴覚障害の程度に応じて聞こえの状況が異なり，重度になるほど音声を用いた会話の制限が大きくなることがわかる。加えて，聴覚障害の程度が軽度であったとしても会話の制限は生じるものであり，修学上における情報保障などの配慮の必要性は十分にあるといえる。

高等教育機関では，聞こえの状態が軽度な例や，一側に明らかな聴覚障害があり反対側の聴覚障害を伴わない一側性難聴の例などで，身体障害者手帳の取得が難しい場合であっても，学生から配慮要請がなされることがある。その場合ももちろん合理的配慮を検討する対象者となり，当該学生の聴覚障害の種類や程度といった機能障害に係る情報のほか，小・中・高校時代に受けてきた配

表7-1　聞こえの程度による聞き取りの困難さと聴覚障害者程度等級

聞こえの程度	分類基準	日常生活の聞き取りの困難さ	身体障害者福祉法聴覚障害者 程度等級（両耳）
軽度難聴	25dB以上40dB未満	小さな声や騒音下での会話のきき間違いや聞き取り困難を自覚する。会議などでの聞き取り改善目的では，補聴器の適応となることもある。	該当しない
中等度難聴	40dB以上70dB未満	普通の大きさの声の会話の聞き間違いや聞き取り困難を自覚する。補聴器のよい適応となる。	該当しない
高度難聴	70dB以上90dB未満	非常に大きい声か補聴器を用いないと会話が聞こえない。しかし聞こえても聞き取りには限界がある。	6級（70dB以上）4級（80dB以上）
重度難聴	90dB以上	補聴器でも，聞き取れないことが多い。人工内耳の装用が考慮される。	3級（90dB以上）2級（100dB以上）

慮の情報などを基に複合的に勘案して，配慮の必要性を判断する。聴覚障害の種類や程度を知るための根拠資料が十分でない場合には，当該学生に診断書や標準純音聴力検査の結果を示したオージオグラム（聴力図）などの提出を依頼することも1つの選択肢としてあり得る。標準純音聴力検査とは，最も基本的な聴覚検査法であり，オージオメーター（聴力を測定する機器）により純音を検査音として，聴覚障害の程度を定量する。ただし，提出が困難な場合には，取得するうえでの支援を行うことや，建設的対話等を通じて必要性が明白であることが現認できる際は，根拠資料の有無にかかわらず実行可能な配慮を相談することもあり得ると考える。

4.2　オージオグラムの読み方

　オージオグラム（聴力図）とは，前述のとおり，オージオメーターで測定された聴力結果を記録した表を指す。大学入学共通テストの受験上の配慮を申請する際の診断書において，配慮申請書類への記入または添付が求められていることから，ここで簡単にオージオグラムの読み方について触れる。

　図7-1にオージオグラムの記載例を示した。縦軸は音の大きさ（dB；デシベル）であり，数値が小さいほど聞こえの程度が軽度であることを表す。横軸の

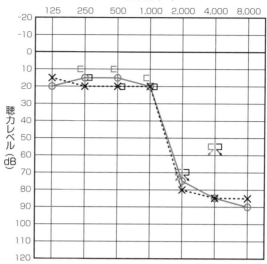

周波数 (Hz)

聴力レベル (dB)

図7-1　オージオグラムの記載例

周波数（Hz；ヘルツ）は音の高さを表し，数値が大きくなるほど高音になる。検査では，125Hz～8000Hzまで1オクターブずつ7種類の周波数それぞれの聞こえを測定する。検査方法は，①気導聴力（ヘッドホンを装着して測定；外耳・中耳・内耳までを通して聞く音）と，②骨導聴力（骨導端子を側頭骨に当てて測定；外耳と中耳は通らず，側頭骨から直接内耳に聞く音）があり，この2種の聴力測定により，聴覚障害の類型（伝音性難聴・感音性難聴・混合性難聴）を鑑別する。オージオグラム上の「〇」は右耳の気導聴力，「×」は左耳の気導聴力，「Ｃ」は右耳の骨導聴力，「 ⊐ 」は左耳の骨導聴力，「↓」はスケールアウト（測定不能；最大の音を出しても聞こえない）を表す。

　実際のオージオグラムからは，以下のとおり，聴覚障害の類型（伝音性難聴・感音性難聴・混合性難聴）を鑑別できる。

a)　気導聴力に難聴を呈する/骨導聴力は正常値（両調査に聴力差あり）
　　→　伝音性難聴
b)　気導聴力と骨導聴力双方に同程度の難聴を呈する（両調査の聴力に有意

差なし）

　　→　感音性難聴
c)　気導聴力と，骨導聴力も（気導聴力ほどではないが）難聴を呈する

　　→　混合性難聴

　図7-1のオージオグラムの例では，気導聴力と骨導聴力が同程度の難聴を呈しており，感音性難聴と読める。1000Hz以下の周波数（低音）ではそれほどの聴力低下は認められないが，高音域の聴力が急激に低下している（高音急墜型）。このことから，このオージオグラムの聴覚障害のある学生は，「音は聞き取れるものの言葉として正確に内容を聞き取ることが難しく，特に高い音が聞き取りづらい状態」であると推測できる。

　このように，まだ顔を合わせていない聴覚障害のある学生で，診断書に聴覚障害の類型が記載されていない場合でも，オージオグラムを見れば，「音質が歪んだようになり，音は聞き取れるが内容が聞き分けにくくなる」感音性難聴であるのか，「音量が小さくなったようになり，聞き取りづらくなる」伝音性難聴であるのかの判断が可能になる。また，一般に日常会話の聴取に重要な周波数を500〜2000Hzあたりとし，その範囲の聞こえの程度（dB）を，前出の聞こえの程度による聞き取りの困難さの表（表7-1）と照らせば，当該学生のおおよその聞こえの状態が想定できる。

5 ｜ 高等教育に関連する活動制限・参加制約

　聴覚障害のある学生にとって，高等教育機関の修学場面での活動制限・参加制約は，主としてコミュニケーションにおいて生じるといえる。例えば講義形式の授業では，教員が口元を見せて，聴覚障害のある学生が読話（話し手の口元を見て発話の内容を読み取る）も併用できるように配慮をすれば，当該学生は教員の話している内容を推測することは可能かもしれないが，すべての音声情報を完全に得る方法とはいえない。複数人が次々と発言していく討議形式の授業では，聴覚障害のある学生は話し手の特定が難しくなって読話への注目が不可能になったり，話し手の発話が他の声で遮られたりして，音声情報の入手

の困難度は増大する。そのような状況では，聴覚障害のある学生はかろうじて内容を推測できたとしても，十分な内容理解には至らず，発言するタイミングをつかむこともできずに討論に参加できなくなってしまう。そもそも，討論時の発言や発表などは，個々の聴覚障害のある学生の発話明瞭度にもよるが，参加に制約をきたす場合は多い。また，体育の授業などで，話し手に対して遠い位置で聞き取る場合にも，音声が減弱して聞き取りの明瞭性は低下する。加えて，雑音下や音が反響する場所あるいは肉声ではなくマイク音の場合にも音声の聞き取りの明瞭性は低下するなど環境によっても変動する。

　その他，聴覚障害のある学生の中には，聴覚障害に伴う症状として，例えば耳鳴りや，メニエール病などの回転性めまいによる悪心，嘔吐などが生じる例があり，授業への参加に制約がかかる状況も想定される。

　なお，聴覚障害のある学生の場合は，聴覚活用の有無やコミュニケーション手段などによって，修学上の活動制限・参加制約が異なる点も多く，配慮の手段もまた個別的な検討を要する点に注意を要する。

6 ｜ 高等教育に関連する配慮とその合理性

　配慮の検討に関しては，その前提として，聴覚障害の程度，語音聴取の程度のほか，障害が生じた時期や，教育歴などの個別事情によって，必要な内容に相違があるとし，場面ごとに個別具体的に相談していく。

　なお配慮内容は，聴覚障害のある学生との建設的対話のもと確定されることから，当該学生と確実に対話ができるような環境を整えておく必要があり，ここで少し聴覚障害のある学生との対話時の具体的な留意点に触れておく。例えば，配慮内容を検討するために面談を実施するのであれば，事前に当該学生へ，面談の場で希望する情報保障手段（手話通訳や文字通訳など）について確認し，準備をする。聴覚を活用する学生であれば，静かで音の反響が少ない部屋を準備したり，出席者の口形が見やすく，かつ全体が見渡せる座席位置を設定したりすることが望ましい。適した座席位置は，照明や窓の位置などによっても異なるため，個々の希望に合わせて対応する。

　ここからは，各活動制限・参加制約に対する聴覚障害のある学生への配慮と

その合理性について述べる。

6.1　講義形式の授業

　聴覚障害のある学生の講義形式の授業においては，情報保障の配慮を検討する。ここでの情報保障とは，聴覚障害のある学生が他の学生と同等・同質の情報を得て，授業に参加できることを保障するための配慮を指す。

　軽中等度から高度の聴覚障害があり，語音聴取の明瞭性が高い学生では，補聴機器の使用や，教室環境を調整するといったような，保有聴力を活用して情報入手するための配慮がある。例えば補聴援助システムといった，教員などの話し手がもつ送信機に入力された音声が離れた場所にいる聴覚障害のある学生のもつ受信機に直接受信されるような補聴機器を用いて，聴覚を活用する配慮を検討する。実際には，高等教育機関が補聴援助システムを購入して，聴覚障害のある学生に貸し出す例もみられる。また，個々の聴覚障害のある学生が最も音声を聞き取りやすい座席位置に優先席を設けることも，合理的な配慮手段の１つである。

　高度から重度の聴覚障害があり，語音聴取に制限がある学生では，文字通訳や手話通訳などの視覚的方法による情報入手の配慮を中心に検討する。教員の発話などの音声情報を支援者がパソコンに入力してモニターに文字表示（パソコンテイク）したり，ノートに筆記（ノートテイク）したりする文字通訳のほか，手話（手話通訳）を用いて伝える方法がある。また，近年ではICT技術の進歩により，モバイルに音声認識アプリを搭載して，話者の音声を文字化する情報保障が実用化している。さらに，このような情報保障だけではなく，文字通訳者や手話通訳者へ授業の配付資料を事前送付したり，スライドの文字情報を増やしたり，適度な速度や一定の間がある話し方がなされたりするような教員側の配慮があることで，通訳の質は格段に向上する。実際に支援現場では，聴覚障害のある学生の希望に基づいた情報保障の配慮の実施に加え，教員によるさまざまな教授法の工夫がなされている。なお，文字通訳については，高等教育機関が学生を組織して，学生がパソコンテイクやノートテイクなどの文字通訳を担う方法が一般化されつつある。これらの情報保障の実施方法については，日本聴覚障害学生高等教育支援ネットワーク（PEPNet-Japan）のホーム

ページに，さまざまなノウハウがまとめられており，参考になる[6]。

　その他，人工内耳を装用している学生の例や，軽中等度の聴覚障害の学生例では，語音聴取が良好で，主として保有聴力を活用する例は多いが，前述のとおり雑音下や反響下などの環境条件や授業内容などによっては，ノートテイクやパソコンテイクといった視覚的情報による配慮の併用が必要になることもある。これらの配慮は，当該学生の聞こえの状態や1つひとつの授業の形態・環境などによって，個別具体的に検討する。

6.2　討議形式の授業

　集団での討議形式の授業では，聴覚障害のある学生は話し手を特定できず，発話内容や読話への注目が難しくなる。ノートテイクやパソコンテイク，手話通訳を利用した場合でも，複数人が次々と発言するような場面では通訳が追いつかず，入手する情報の質が低下することが想定される。討議形式の授業では，例えば，挙手をし，当てられてから名前を名乗り発言するといったルールを共有すると，聴覚障害のある学生の話し手への注目が可能になる。また，聴覚障害のある学生の発言方法についても，あらかじめ本人と検討しておく。その他，班討議で，他班の話し声が会話を妨げる場合には，静かな廊下や別室へ移動する方法も合理的配慮として成立するであろう。

6.3　語学授業

　語学授業においては，通常，「リスニング（聞く）」「リーディング（読む）」「スピーキング（話す）」「ライティング（書く）」の4つの技能の習得が重要とされ，聴覚障害のある学生にとって制約の多い場面になる。大学入学共通テストでの受験上の配慮では，リスニング試験に関しては，両耳の平均聴力レベルが原則として60デシベル以上の難聴者等で，リスニングを受験することが困難な者は，審査の上，リスニングの免除が許可される。保有聴力を活用する場合には，イヤホンまたはヘッドホンの持参使用や，CDプレーヤーのスピーカーから直接音声を聞く方式（別室），補聴器を外してイヤホンを使用するなど数種の音声聴取の配慮が選択できる。

　通常の語学授業では，専攻言語を用いて教員と学生との双方向の音声でのや

りとりがなされたり，学生間でペアを組んでテーマに基づいた会話がなされたりするような，「リスニング（聞く）」と「スピーキング（話す）」を中心とした学習スタイルでは，聴覚障害のある学生の制約は増大する。教育目的・内容・評価といった授業の本質は変更されないことを前提に，例えば別の「リーディング（読む）」「ライティング（書く）」を中心とした授業に変更して単位を取得できるようにすることは，配慮としてあり得る。あるいは，授業の本質が，専攻言語の音声を聴取して発話することに拘らず，専攻言語を使用して何らかのやりとりができることであったり，専攻言語の習得を通じて異文化を理解し，さまざまな国の人と交流することなどを目的とするのであれば，チャットによる会話をしたり，文字通訳などの文字による代替方法も配慮となり得るであろう。

　聴覚を活用する学生の場合には，教室の座席を前列やスピーカー近くに指定したり，補聴援助システムを貸し出したりして，聞こえやすさに配慮する。学生サポートスタッフを配置して聴覚障害のある学生の目の前で，口元を見せながら発音を繰り返す配慮もあり得る。その他，配付資料を増やしたり，映像教材があれば字幕を挿入したり授業前に聴覚障害のある学生がスクリプトを確認できるように調整したりするほか，視覚的な情報量を増やす工夫が検討できる。

　それでもなお，語学授業での聴覚障害のある学生への配慮には苦慮する場面も存在し，特に外国語学部においては支援現場での試行錯誤が継続している。具体的で明確な授業の目標・内容・評価の本質を定義したうえで（あらかじめシラバスに具体的な情報が記載されていれば，格段に検討しやすくなる），本人や，科目担当教員も含めた関係者間で丁寧な建設的対話を重ねたい。加えて，障害学生支援を担当する教職員にとっては，聴覚障害のある学生が自分の聞こえの状態や困難をうまく述べることができるようエンパワーすることが，より求められる場面でもある。聴覚障害とは，外見上わかりにくい障害であり，学生が抱える困難も，他の人からは気づかれにくい側面がある。聴覚障害のある学生が相手の口形を見て，何を話しているかを推測して会話に応じれば，「この学生はわりと聞こえているから，リスニングも大丈夫」と誤解を招いてしまうことがあるかもしれない。また，発話が明瞭な聴覚障害のある学生の場合には，「これだけ明瞭に話せるのであれば，リスニングもスピーキングも問題な

いであろう」という勘違いが生じるかもしれない。聴覚障害のある学生のアドボケイト（ともに権利を主張する存在）として，本人の意向を尊重しながら，より適切な合理的配慮の提供につなげていきたい。

7 | 実務上の留意点

7.1 情報保障の難しさ

聴覚障害のある学生の立場では，「自分は，情報保障の配慮によって，どれほどの情報を得られているのか」がわかりづらく，配慮の質を評価することが難しい側面がある。[7] 例えば，授業でパソコンテイクを利用する場合に，パソコンテイカーのタイピングが追いつかずに情報が漏れてしまったとしても，聴覚障害のある学生は漏れたことに気づくことができない。そのため，聴覚障害のある学生に授業の情報が十分に伝わっているかといった情報保障の質について，当該学生やテイカーなどの支援者と頻繁に対話を重ね，確認する作業が大切になる。

7.2 聴覚障害学生とコミュニケーション

聴覚障害者のコミュニケーション方法は，聴覚障害の種類や程度のみならず，聴覚障害が生じた時期や，教育歴などによって，1人ひとり異なる。その方法の選択は，本人のアイデンティティとも，深く結びついている。

聴覚障害はコミュニケーション障害であるといわれることがある。だれもが声を使って話したり聞いたりするのが当然の環境の中では，聴覚障害のある学生は，周りの雰囲気に合わせて，わかったふりをしてしまうこともしばしば生じ，長期的にストレスにさらされることもあるかもしれない。[8] 大勢の人と交わることに非常な労力を伴うため，そうした場への参加回数を減らすという対処をする学生もおり，その結果，その学生個人の性格に問題があると誤解されてしまうこともあると考えられる。また，音声言語を前提とする環境では，配慮を求めるのは，聴覚障害のある学生の能力や努力の不足とみなされることもあり，配慮を求めることを避けつづけてきたという学生もいる。

聴覚障害のある学生は１人ひとり，聞こえ方も，コミュニケーションのしかたも，現在までの経験も思いも異なることを踏まえたうえで，互いに最も通じ合える方法を探り当て，合理的配慮への対話を重ねていきたい。

【引用・参考文献】

1) 厚生労働省　身体障害者福祉法 1949 https://elaws.e-gov.go.jp/document?lawid=324 AC1000000283.
2) 厚生労働省 社会・援護局障害保健福祉部　平成28年生活のしづらさなどに関する調査（全国在宅障害児・者等実態調査）結果 2018 https://www.mhlw.go.jp/toukei/list/dl/seikatsu_chousa_c_h28.pdf.
3) 独立行政法人日本学生支援機構　令和２年度障害のある学生の修学支援に関する実態調査 2020 https://www.jasso.go.jp/statistics/gakusei_shogai_syugaku/_iceFiles/afieldfile/2021/10/18/report 2020-published.pdf
4) 世界保健機構　ICF 国際生活機能分類──国際障害分類改訂版　中央法規出版　2001
5) 難聴対策委員会　資料 難聴対策委員会報告・難聴（聴覚障害）の程度分類について，*Audiology*, 57 (4) pp.258-261 2014
6) 日本聴覚障害学生高等教育支援ネットワーク（PEPNet-Japan）http://www.pepnet-j.org/
7) 白澤麻弓他編　聴覚障害学生サポートガイドブック──ともに学ぶための講義保障支援の進め方　ジアース教育新社　2002
8) 廣田栄子　小児聴覚障害 言語聴覚士のための聴覚障害学　喜多村健編　医歯薬出版　2010

第 **8** 章

肢体不自由

1 | 概要・定義

　肢体不自由とは，四肢（上肢・下肢）や体幹（腹筋，背筋，胸筋，足の筋肉を含む胴体の部分）に何らかの障害が起きることで，姿勢や運動などの日常生活動作の困難が継続する状態をいう。ひと口に肢体不自由といっても，障害の部位によってかなり個人差があり，例えば，左右どちらか片側の手や腕，足に障害がある場合や，あるいは全身の運動動作に障害がある場合もある。また，障害の状態も，日常生活動作にさほど困難を感じさせない状態から，立ったり歩行したりなどの動作に支障があるため，杖や車いすや義足を必要とする状態や，日常動作の多くに介助を要する状態などさまざまといえる。

　身体障害者福祉法においては，上肢不自由，下肢不自由，体幹不自由，乳幼児期以前の非進行性の脳病変による運動機能障害（上肢機能・移動機能）に区分される。[1]

　本章では，肢体の機能障害により，現在の修学環境では活動・参加に制限・制約をきたす状態にある学生を肢体不自由のある学生として述べる。なお，肢体不自由のある学生では，合併症を有していたり，日常的に痰の吸引などの医療的ケアを要しながら修学したりする例も少なからず見受けられるが，本章では肢体不自由の機能障害に絞り記述する。

2 | 障害に関連する疾患

　ここでは，肢体不自由に関連する損傷部位を，脳，脊髄・末梢神経，筋，骨・関節に区分したうえで（米山，2020）[2]，原因疾患を順に見ていく。脳に関連する疾患例では，高等教育機関では主として脳性まひ，脳血管障害，頭部外傷の後遺症などがあげられる。脊髄・末梢神経では，脊髄損傷，二分脊椎，シャルコーマリー・トゥース病，筋萎縮性側索硬化症（ALS）などの原因疾患があり，筋では筋ジストロフィーやミオパチーなどがある。骨・関節に関連する疾患には，骨形成不全症や多発性関節拘縮症などがみられる。これらの例からもうかがえるように，肢体不自由の原因疾患は非常に多岐にわたり，かつ医療

の進歩によって変容し，その出現率も異なるとされる。

3 ｜ 疫学

「平成28年度生活のしづらさなどに関する調査（全国在宅障害児・者等実態調査）」（厚生労働省）によれば，肢体不自由者は193万1000人と報告される。[3] また，高等教育機関に在籍する肢体不自由のある学生数は，「令和２年度障害のある学生の修学支援に関する実態調査」（日本学生支援機構）の結果によれば1901人（全障害学生数の5.4％）とされ，同調査が開始された平成17年度の1700人以降，201人増となっている。[4] また，1901人の内訳は，上肢機能障害296人，下肢機能障害711人，上下肢機能障害644人，他の機能障害250人とされる。ここでの上肢機能障害とは，腕，手，指および各関節に関する機能障害であり，下肢機能障害とは，脚，足指および各関節に関する機能障害，上下肢機能障害とは，上肢と下肢の両方に関する機能障害，また他の機能障害とは，体幹（胴体）に関する機能障害や，体幹と上肢の機能障害，体幹と下肢の機能障害，体幹と上下肢の機能障害および運動の障害と定義されている。なお，同調査における肢体不自由学生とは，身体障害者手帳所持者に限定されず，健康診断などにおいて障害があることが明らかになった学生とされる。

4 ｜ 機能障害

ICF（国際生活機能分類）の心身機能の分類では，主に第７章「神経筋骨格と運動に関連する機能」に関連する。[5]

身体障害者福祉法に基づく身体障害者障害程度等級表では，前述のとおり，肢体不自由は，上肢不自由，下肢不自由，体幹不自由，乳幼児期以前の非進行性の脳病変による運動機能障害（上肢機能・移動機能）に区分されている。上肢不自由は，機能障害と欠損障害に大別され，そのうち機能障害では上肢全体の障害と三大関節の障害，手指の障害の身体障害認定基準が示されており，欠損障害では欠損部位に対する等級の位置づけが明示されている。下肢不自由は，機能障害，欠損障害および短縮障害に区分される。機能障害では下肢全体の障

害，三大関節の障害および足指の障害の身体障害認定基準が示されている。欠損障害および短縮障害については，診断書における計測値を身体障害者障害程度等級表上の項目に照らし，障害等級が認定される。また，体幹とは頸部，胸部，腹部および腰部を含むとしたうえで，体幹不自由とは高度の体幹麻痺をきたす症状に起因する運動機能障害の区分として設けられており，「坐っていることができないもの」「坐位又は起立位を保つことの困難なもの」「起立することの困難なもの」「歩行の困難なもの」その他著しい障害といった判定基準がなされている。乳幼児期以前の非進行性の脳病変による運動機能障害とは，乳幼児期以前に発現した非進行性脳病変によってもたらされた姿勢および運動の障害とされ，主に脳性まひを指す。

5 高等教育に関連する活動制限・参加制約

　ここからは，肢体不自由のある学生にとっての修学上の活動制限・参加制約と，対応する合理的配慮の考え方について示す。

　肢体不自由のある学生とって，高等教育機関の修学場面での活動制限・参加制約は，主として書くこと，運動・移動，学内生活での食事や排せつなどのセルフケアなどにおいて生じることが想定される。上肢に障害がある学生は，授業中にノートを書いたり，試験時に解答用紙へ記入したり，バッグから教科書を取り出したり，本のページをめくったりといった腕や手指の操作に困難が伴うことがある。下肢に障害がある学生では，授業のある教室までのアクセス経路に段差や悪路があったり，建物にエレベーターがなかったりすれば，移動が困難になる。セルフケアに関しては，個々の学生の状況によっては，単独での食事や排せつが困難なこともある。

　肢体不自由のある学生の場合は，機能障害の状態（特に上肢障害，下肢障害，上下肢障害，全身性障害の別など）によって修学上の活動制限・参加制約が大きく異なり，配慮の手段もまた多様になることに留意したい。

6 │ 高等教育に関連する配慮とその合理性

　配慮の検討に関しては，その前提として，肢体不自由の障害の程度や種類，合併症状の有無，障害が生じた時期や，教育歴などの個別事情によって必要な内容に相違があるとし，場面ごとに個別具体的に学生との対話を基に検討することが求められる。支援面談を実施して配慮内容を検討するのであれば，面談場所へのアクセスや，既設トイレ利用の可否，駐車場の必要性などについて事前に学生本人に確認しておく。発話に困難を伴う場合には，本人の希望を確認し，チャットなど別手段にて対話が可能になるよう準備しておく。

　以下に，各活動制限・参加制約に対する肢体不自由のある学生への配慮とその合理性について述べる。

6.1　書くこと

　肢体不自由のある学生では，授業中にノートをとったり，試験時に解答用紙へ記入したりといった筆記に困難が生じることがある。授業中にノートをとることに関しては，ペンで筆記する代わりにパソコン入力で困難が生じないのであれば，パソコン使用許可といった配慮があり得る。あるいは，学生サポートスタッフを授業に配置して肢体不自由のある学生のノートを作成したり，筆記による記録の代わりに，授業の録音を許可する配慮例もある。リアクションペーパーを授業時間内に記入して提出することに困難が生じる例では，筆記時間に余裕をもたせたり，授業後の提出を認めたりするような時間的調整や，紙媒体への筆記からパソコン入力への代替のような筆記手段の変更があり得る。

　定期試験での解答用紙記入については，個々の状況に応じて，記入しやすいように解答用紙を拡大したり，記入式からチェック式の解答に変更したりすることは，合理的な配慮になり得る。筆記そのものに困難が生じる例では，代筆者を配置する配慮も考えられ，試験時間の延長（大学入学共通テストでは基本的には1.3倍）と別室受験の配慮も併せて検討する。また，肢体不自由のある学生の身体機能に応じたパソコンを準備し，電子データの答案用紙に解答を入力するという方法も，配慮として合理的となり得るであろう。使用するパソコ

ンは，インターネット接続を不可にしたり，スペルチェック機能をオフにしたりといった不正防止や公平性の観点からの設定調整を事前に行うこととなり，「高等教育アクセシビリティプラットフォーム」が作成したTipsシートのうち「PC×テストアコモデーション」にパソコン設定の詳細が記載されていて参考になる[6]。

6.2 実験

　肢体不自由のある学生にとって，実験場面では主に物の運搬・移動・操作に困難が伴う場合が多く，実験室内の環境を整備することで解決できることもあれば，TAなどの支援者を配置する例もみられる。支援者を配置する場合には，支援者はあくまでも肢体不自由のある学生の指示のとおりに機器や設備を扱うなど，身体面での補助のみの役割を担う。実験デザインを検討したり実験データを解釈したりするような授業の本質にかかわる作業は，肢体不自由のある学生本人が行う。アメリカ化学会の「障害をもつ化学者委員会」によって作成された「障害学生のための化学教育」（Pagano & Ross, 2015）に実験時配慮の記述があり[7]，東京大学先端科学技術研究センターのインクルーシブ・アカデミア・プロジェクトのホームページにはその翻訳資料が掲載されており，参考になる[8]。

　実験場面では，ときとして，安全配慮の観点も考慮しながら合理的配慮を実施していくことの難しさが伴うが，学生と教職員がともにあらゆる合理的配慮の可能性を検討する過程こそが重要であり，検討をせずに「車いすの学生は見学」などとして実験の機会を奪ってしまうことは，あってはならない。

6.3 施設改善

　高等教育機関における施設改善には，特定の学生個人が利用するために，合理的配慮を提供する「個別性の視点」と，不特定多数の障害のある者が利用する場合を想定して，ユニバーサルデザインの設計に基づいてバリアフリー化を行う「汎用性の視点（環境整備）」がある。

　個別性に基づくバリアフリーは，合理的配慮として実現が必須となる。施設改善にあたっては，時間や費用を要する場合も多く，肢体不自由のある学生の

入学・進学・復学が決定した段階から，迅速に対応を進めることが望まれる。肢体不自由のある学生と学内関係者が集まり，当該学生の行動範囲の動線に沿って施設整備の検証をしたうえで，必要な改善案を出し合い，決定していく。個別のニーズが，過度の負担（例えば数日内にエレベーターを設置するなどといった，施設構造上あるいは予算上すぐに施設改善が難しい場合）には，短期的に人的支援などの代替案をもって障壁を解消しなければならない。人的支援について例をあげると，エレベーターのない2階に食券売り場がある食堂で，アクセスが難しい者には特別に1階で注文ができるようバリアフリー対応の窓口を設置したり，高い位置に掲示された掲示物が車いすでは見ることができない場合に，掲示物をファイリングして窓口で閲覧できるようにしたり，掲示物と同様の内容をウェブ上で公開したりといった方法がある。その場合にも，併せて中長期的には当該学生が単独でアクセスできる施設整備も，可能な限り計画する。

　汎用性の視点（環境整備）とは，不特定多数の障害のある人にとって障壁のない環境をあらかじめ整備しておくという考え方であり，第3章「環境整備（ユニバーサルデザイン）」にて詳細が述べられている。キャンパス内では特に，利用頻度が高い講義室や実験室，図書館などの共有施設，食堂や購買などの福利厚生施設，ホールなどの一般公開施設の環境整備から優先的に，計画的に推進することが望ましい。

　なお，ユニバーサルデザインの考え方については，ロナルド・メイス氏らにより「ユニバーサルデザインの7原則」が提唱され，環境，製品，コミュニケーションを含むデザインにかかわる幅広い領域の指針として広く知られている。[9,10] このユニバーサルデザインの7原則について，施設改善での観点で再整理を試みた。

①**公平性**：誰にでも公平に利用できること
②**自由度・柔軟性**：誰でも使い方を選択できるような自由度や柔軟性が高いこと
③**単純性**：移動しやすい経路やわかりやすい動線など，誰でも簡単に利用できること
④**情報理解性（わかりやすさ）**：誰にでも容易に情報が伝達され，理解がで

きること

⑤**安全性**：危険につながらず，誰にとっても安全であること

⑥**省体力（体への負担の少なさ）**：誰にでも無理なく，楽に利用できること

⑦**スペース確保**：アクセスに必要なだけの十分な大きさと広さがあること

　不特定多数の障害のある人にとって障壁のない環境をあらかじめ整備しておくことで，障害のある構成員をはじめ，多くの人が使いやすい快適な空間が目指せるであろう。

　その他，新設建物の場合には，「高齢者，障害者等の円滑な移動等に配慮した建物設計標準」（令和3年3月改正）および自治体の条例に基づき最低限のバリアフリー化はなされるが，さらに高等教育機関に固有の用途に基づき，より実効性のあるバリアフリー施設設備の確保が望まれる。

6.4　学内生活と通学の支援

　肢体不自由のある学生が高等教育機関で学ぶには，学生個々の状況によっては，授業支援だけでなく，食事や排せつなどの生活面での身体介助や，通学時の移動支援などを要する例がある。

　第4章「合理的配慮以外の個人的なサービス」で述べられているように，学内での生活面や通学時の支援は，行政機関による障害者総合支援法上の福祉サービスと，高等教育機関での修学支援とのいわゆる「制度の谷間」とされ，支援の提供主体に関する議論は途上にある。これらの支援に関しては，平成29年3月「障害のある学生の修学支援に関する検討会報告（第二次まとめ）」では，「障害のある学生から生活面への配慮（通学，学内介助，寮生活等）を要する相談がある場合には，必要に応じて地域の福祉行政・事業者等と連携し，公的サービス・業務委託・ボランティア派遣を含めた幅広い支援の提供について検討することが望まれる」と記載されている[10]。現状では，友人や学生サポートスタッフが支援する例や，家族がキャンパス内に同行して支援する例などのほか，「修学の有無によらず必要となる生命維持・基本的生活のための支援は障害者総合支援法に規定される障害福祉サービス等を活用する」ものと捉え，学生と家族が主体的に自治体と交渉し，本人・大学・自治体が丁寧に対話を重ね連携するモデル事例もみられる。

学内の生活面での身体介助と通学時の移動支援については，障害学生支援にかかわる重要な課題の１つと認識し，解決に向けた検討と支援の仕組みの構築が待たれる。

7 | 実務上の留意点

7.1 その他の配慮

肢体不自由のある学生の中でも，特に下肢に障害があり，車いすや杖を使用している場合には，外見上わかりやすく，抱える困難についても比較的誰もが想定しやすいといえる。ただし，中には見えない困難さが伴うこともあり，例えば口や顎・喉・体幹周囲の筋肉等の運動の障害や，呼吸コントロールが困難な状態の場合には構音障害を伴い，授業中の発言や発表にあたって制約が生じる。発言や発表の際は，時間延長や，文字による代替など発言方法の調整を検討する。また，頚髄損傷等によって体温調節機能が低下し，体温を維持することが難しい例があり，特に夏場や冬場は授業に出席すると体調を崩してしまうこともある。教室の温度を一定に保つよう調整したり，教室内の空調設備近くに座席を確保して優先席としたりするなどの配慮を検討する。

7.2 オンライン授業

現在では，オンライン授業がCOVID-19の感染対策として急速に普及しつつある。多くの肢体不自由のある学生の授業へのアクセスが結果として改善した状況であり，今後も自宅でのオンライン受講が授業の本質を損ねないのであれば，合理的配慮として自宅での講義視聴が可能だとみなされるべきであろう。

【引用・参考文献】

1) 厚生労働省. 身体障害者福祉法 1949 https://elaws.e-gov.go.jp/document?lawid=324 AC1000000283.
2) 米山明　新訂肢体不自由児の教育　川間健之介・長沼俊夫編著　放送大学教育振興会　2020
3) 厚生労働省　社会・援護局障害保健福祉部　平成28年生活のしづらさなどに関する調査（全国在宅障害児・者等実態調査）結果 2018 https://www.mhlw.go.jp/toukei/list/dl/seikatsu_chousa_c_h28.pdf.

4) 独立行政法人日本学生支援機構　令和2年度障害のある学生の修学支援に関する実態調査 2020 https://www.jasso.go.jp/statistics/gakusei_shogai_syugaku/_iceFiles/afieldfile/2021/10/18/report2020-published.pdf

5) 世界保健機構　ICF 国際生活機能分類——国際障害分類改訂版　中央法規出版　2001

6) 高等教育アクセシビリティプラットフォーム. PC×テストアコモデーション　https://www.gssc.kyoto-u.ac.jp/platform/deliverables/tips/tips.html

7) Pagano, T. & Ross, A.D．Teaching Chemistry to Students with Disabilities: A Manual for High Schools, Colleges, and Graduate Programs Edition 4.1, 2015　https://scholarworks.rit.edu/ritbooks/2/

8) 東京大学先端科学技術研究センターインクルーシブ・アカデミア・プロジェクト　障害学生のための化学教育　2019 https://idl.tk.rcast.u-tokyo.ac.jp/isd-20190709-1/

9) Bettye Rose Connell, Mike Jones, Ron Mace,Jim Mueller, Abir Mullick, Elaine Ostroff, Jon Sanford, Ed Steinfeld, Molly Story, Gregg Vanderheiden. The principal of universal design, 1997.

10) 古瀬敏・園田眞理子・Brandt,A.ほか　ユニバーサルデザインとはなにか——バリアフリーを超えて　都市文化社　1998

11) 文部科学省　障害のある学生の修学支援に関する検討会報告（第二次まとめ）2017　https://www.mext.go.jp/b_menu/shingi/chousa/koutou/074/gaiyou/1384405.htm

第 9 章

内部障害
（その他の身体障害）

1 | 概要・定義

　内部障害とは，身体障害者福祉法に定める心臓機能障害，腎臓機能障害，呼吸器機能障害，膀胱又は直腸の機能障害，小腸機能障害，ヒト免疫不全ウイルスによる免疫機能障害，肝臓機能障害の7つの障害をいう[1]。

　その一方で，障害者の定義には，「その他心身の機能の障害のある者」が含まれるので，障害者差別解消法が対象とする，身体障害は内部障害に限らず事実上すべての身体疾患が対象になり得る。本章では厳密な内部障害に限らず，身体疾患（肢体不自由，聴覚障害，視覚障害を除く）による機能障害に基づいて，活動・参加に制限・制約をきたしているその他の身体障害者を含めて述べる。なお，咽頭部・喉頭部の機能障害は，音声機能，言語機能又はそしゃく機能の障害として，別枠の障害種別として定義されている。

2 | 障害に関連する疾患

　身体障害者手帳の発行対象者は，上述の7つの種類の内部障害に範囲は狭まるが，実際には上記の疾患以外にも，さまざまな身体疾患により機能障害は出現し，機能障害が永続していて，社会生活あるいは家庭生活，さらに重症になれば日常生活に著しい制限をきたしている場合がある。

3 | 疫学

　厚生労働省が行った平成28年「生活のしづらさなどに関する調査（全国在宅障害児・者実態調査）結果」では，内部障害者は，124万1000人で身体障害者428万7000人の28.9％を占めていた[2]。この数字は身体障害者手帳取得者に限るものであり，上述したように，すべての身体疾患に基づく機能障害が，活動・参加に制限をきたす可能性があることを踏まえると，現実にはより多くの身体障害のある者が存していると考えられる。

4 | 機能障害

　ICFで定義された機能障害を確認すると，第１章，精神機能は精神障害・発達障害と関連し，第７章，神経筋骨格と運動に関連する機能は肢体不自由と関連し，第２章，感覚機能と痛みのうち，視覚および関連機能，聴覚と前庭の機能は，本書の別の章で述べている。本章では残りの機能障害を取り扱うので，本章で述べる身体疾患と関連するのは，ICFの第２章のうち，その他の感覚機能，痛み，第３章，音声と発話の機能，第４章，心血管系・血液系・免疫系・呼吸器系の機能，第５章，消化器・代謝系・内分泌系の機能，第６章，尿路・性・生殖の機能，第８章，皮膚および関連する構造の機能となる。[3]

　なお，ICFでは心身機能と別立てで身体構造について記述しているが，「impairment」を「機能障害（構造障害）」と翻訳しており，身体構造の障害も機能障害と同等に考えても良いと考える。

　これらの身体疾患により生じる機能障害は，心臓機能であれば，心エコーによる左室収縮機能，呼吸器機能であれば，スパイロメトリーによる肺活量や一秒率，腎臓機能であれば，推算糸球体濾過量などの方法で定量化することは可能である。[4] しかし，これらの値の解釈は医師以外には困難であり，また必要な配慮を，直接これらの数字を用いて判断するノウハウは一般的な障害学生支援室にはない。また，実際には，倦怠感，痛みなどの自覚症状が困難の原因になることが多い。

　いずれにせよ，身体障害者手帳がない場合，身体疾患の有無，種類，結果として生じている機能障害は，支援する側に判断の根拠が十分ではない場合には，医師の診断書の提出を依頼することが無難である。また，身体疾患の定義も曖昧なことがあるので可能であれば，医師にICD-10に基づく診断とコードの記述を求めれば障害があることの根拠が担保されると考える。[5]

5 | 高等教育に関連する活動制限・参加制約

　内部障害とその他の身体障害に関連する活動制限・参加制約の原因は，大き

く分けて身体疾患に基づく機能障害による活動の制限と，治療に関連する活動の制限とに大別される。後者はさらに，活動により身体にかかる負担を減らすために活動を制限する場合と，治療のために時間を費やすことで参加が制約される場合，薬剤など治療の副作用で出現した機能障害による活動の制限が考えられる。

　身体疾患による機能障害では，例えば，倦怠感，痛みなどの自覚症状のために，授業中に注意を集中することが困難になり，十分に能力を発揮できない事態が考えられる。このような，非特異的な症状はあらゆる身体疾患で認められるが，内部障害と認定されている者の場合にも，これらの症状のために困難をきたしている者は少なくないであろう。また，倦怠感，痛みなどがより重度である場合には，そもそも運動・移動の領域で困難をきたし，授業中の姿勢保持，学内での移動（特に，階段や坂）に困難を生じることが考えられる。さらに重度であれば，登校自体が制限されることもあり得る。いずれにせよ，活動・参加に制限・制約が生じ，ケースによっては課題の遂行に通常より多くの時間を要し，その一方で授業に参加できる時間が制約されることになる。

　例えば心臓疾患や呼吸器疾患では，身体的負荷をかけることが身体疾患の経過に影響を与える場合があり，運動・移動の制限をせざるを得ないことが少なくない。この場合には，自覚症状はなくても，運動・移動の制限が生じるので，学内での移動，登校に困難を生じることがある。また，例えば腎機能障害では，透析のために相当数の時間を医療機関で過ごさざるを得ないために，授業への参加時間が制約されてしまうことがある。治療の副作用に関して言えば，例えば癌で化学療法を行っている場合は，副作用で激しい倦怠感・嘔気が出現することがあり，授業中に注意を集中すること，学内の移動，登校などさまざまな活動に制限が生じ得る。

　なお，音声機能，言語機能の障害に関しては，コミュニケーションの制限が生じるので，双方向性の授業など言語の表出が必要になる状況で困難が生じ得る。

　ここに記述したのは，例示にすぎず，身体疾患の膨大なバリエーションを踏まえると，生じ得る活動制限，参加制約も膨大なバリエーションをもつ。身体疾患名，機能障害（症状），環境（学校環境や治療環境）を確認し，生じてい

る活動制限，参加制約との関連を学生本人と相談しながら確認していく作業が必要になる。

6 高等教育に関連する配慮とその合理性

　前節でも述べたように，内部障害その他の身体疾患のバリエーションは極めて広い。したがって，配慮のバリエーションもさまざまであり，個別にかつ1つの授業，1つの参加の機会ごとに，配慮内容を調整していく必要がある。また，定式化された配慮のみではカバーしきれないことも多いので，本人との相談が重要になる。なお，本人の要望した配慮の必要性を医学的に明確に否定できない場合には，本来得られるべき公平な機会を逸する危険を避けるために，本人の要望に沿った，配慮が必要であると考える方が合理的だと考える。以下に配慮の例示を述べるが，あくまで例示であり，実際に必要とされ得る配慮には無限のバリエーションがあると理解する必要がある。

6.1 授業の出席

　身体疾患自体の影響にせよ，治療に関連する要因の影響にせよ，出席できる時間を十分に確保できないことがある。授業を欠席したために生じる情報の欠如に関しては，録音・録画・資料などで補償することが可能である。また，自宅や病院でインターネットにアクセスできるのであれば，ウェブを利用した遠隔授業も選択肢にはなり得る。

　実習，演習，実技，実験など出席することが授業の本質であるとされた場合には，出席時間が足りないことを単位修得の側面から合理的な配慮で支援することは難しい。その一方で，卒業までの科目履修の観点で考えると，（卒業までの期間を通常よりも長く要するという不利はあるが）授業料や科目履修に関して制度上の調整を加えた長期履修制度により，卒業できる可能性に関する不利を減じることは可能である。

6.2 学内の移動

　出席はできるが移動に困難がある場合，合理的な配慮に関する基本的な考え

方は，肢体不自由と同様である。車椅子や杖を用いる場合もあり，その場合，スロープなどの物理的な配慮あるいは教室の変更なども必要な配慮の選択肢になる。肢体不自由の（多くの）場合と異なるのは，ここで述べる身体疾患のうち治癒の可能性が高い疾患の場合，施設を整備するよりも人的支援などを利用した一時的な配慮の方が，コストパフォーマンスが高い可能性があることである。とはいえ，この場合でも他の障害者の未来の利用も考えて，ユニバーサルデザインを意図したスロープの設置などの施設整備は検討の価値がある。

6.3　講義形式の授業

　自覚症状（倦怠感や痛みなど）に基づいて，注意を集中することの困難が生じている場合には，注意欠如・多動症と同様に，録音，録画・資料などの手段を利用して不足した授業内容に関する情報を補償することが必要な配慮になり得る。

6.4　提出課題

　ここまで述べてきたように，身体疾患（内部障害を含む）があると，さまざまな理由で授業など学校生活に参加できる時間が制約される。時間の制約は授業時間外の学習も同様であることが多く，提出課題の遂行に時間がかかるために，提出期限の延長を行うことは必要な配慮だと考えられる。その一方で，結果として多くの時間を費やすことが不利であるとも考えられる。その場合，もしも課題に授業の本質ではない部分が含まれているのであれば，本質ではない部分を削除して課題量自体を調整することも合理的な配慮と考えられるであろう。

6.5　試験

　試験時間の延長は最もシンプルな合理的配慮の提供になる。しかし，論理はやや複雑である。例えば，注意を集中することに制限がある場合，試験が注意を集中する能力を測定している場合には，試験の本質を変更することになるので，合理的な配慮と考えるのは難しいかもしれない。その一方で，運動・移動の困難の一側面として姿勢保持に困難があると判断した場合には，姿勢保持を

試験の本質とする可能性は低いので，時間延長は合理的な配慮だと考えられる。判断に迷う場合には，本質を変更しないものと判断して試験時間の延長を合理的な配慮として提供する方が，障害者に不利を生じさせない原則には適っているものと考える。

　入学試験など競争的な課題では，有利になるあるいは本質の変更にあたるとされ，合理的な配慮とは考え難いかもしれないが，学習の達成を課題とする入学後の定期試験では提出課題への代替えも選択肢になり得る。

6.6　双方向性の授業

　実習，演習，実技，実験（と一部の講義）では，学生の側からの発話を要する双方向的なコミュニケーションが必要になる。音声機能，言語機能の障害がある場合，授業においてコミュニケーション自体が本質でなければ，本人の発話を求めないという配慮が選択肢になる。その一方で本人が，意見の表明の機会を求めるのであれば，PCや筆談による意見の表明を行うことが合理的な配慮となる。音声によるコミュニケーションが授業の本質である場面は非常に限られると思われるが，聴覚障害者に準じた合理的な配慮を検討すれば，一定程度の不利の解消は可能であろう。

7 ｜ 実務上の留意点

　内部障害は障害が原則永続的であると考えるが，内部障害と認定されないその他の身体障害（身体疾患による機能障害）では機能障害が治癒する可能性がある。この特徴は発達障害以外の精神障害とも似ている。障害者の定義は，機能障害により日常生活に"継続的"に困難をきたしている者とされているが，"継続的"に関して具体的な期間の指定はない。広義かつプラクティカルに解釈すれば，次に配慮など支援が必要な時点まで"継続的"であれば，障害とみなしても良いことになるであろう。治癒し得る身体疾患に基づく身体障害の支援に関するコンセンサスは不十分であり，障害者差別解消法に基づく"障害"の文脈で支援を申し出るよりも，学校保健に関連した"疾患"の文脈で，医師による診断書に基づいて支援を申し出る方が，円滑なことも少なくない。また，

"障害"に基づく合理的配慮の要望に関しては本質の変更は原則認められないが，"疾患"の文脈で学校保健に関連した措置を要望する場合には，本質の変更を含めたより柔軟な対応が検討され得るかもしれない。

【引用・参考文献】

1) 厚生労働省　身体障害者福祉法 1949　https://elaws.e-gov.go.jp/document?lawid=324 AC1000000283.
2) 厚生労働省　社会・援護局障害保健福祉部　平成28年生活のしづらさなどに関する調査（全国在宅障害児・者等実態調査）結果 2018　https://www.mhlw.go.jp/toukei/list/dl/seikatsu_chousa_c_h28.pdf.
3) 世界保健機構　ICF 国際生活機能分類──国際障害分類改訂版　中央法規出版　2001.
4) 矢﨑義雄　内科学（第11版）　朝倉書店　2017
5) 世界保健機構. International Statistical Classification of Diseases and Related Health Problems 2013 https://www.mhlw.go.jp/toukei/sippei/.

第10章

発達障害

1 | 概要・定義

　発達障害は，発達障害者支援法では「自閉症，アスペルガー症候群その他の広汎性発達障害，学習障害，注意欠陥多動性障害その他これに類する脳機能の障害であって，その症状が通常低年齢において発現するものとして政令で定めるもの」と定義されている。知的障害も概ね脳機能の障害であってその症状が通常低年齢において発現するものと考えられているが，知的障害は，法律上は別途定義されているため，発達障害者支援法の定義する発達障害には通例含まない。なお，精神障害は発達障害の上位概念であり，発達障害は精神障害に含まれ，発達障害者を対象とした障害者手帳は，精神障害者保健福祉手帳である。

　発達障害は，医学的には米国精神医学会の診断基準であるDiagnostic and Statistical Manual of Mental Disorders（DSM-5[2]）による，神経発達症（neuro-developmental disorders）という分類で概ね定義づけられる。世界保健機構の診断基準であるInternational Statistical Classification of Diseases and Related Health Problems（ICD-10[3]）では，知的障害，心理的発達の障害，小児〈児童〉期及び青年期に通常発症する行動及び情緒の障害と複数のカテゴリーで記述され，発達障害を一括した概念はない。

　発達障害者支援法の定義する発達障害は，身体障害と同様に，障害（disability）の水準で定義されているが，医学的な概念である神経発達症は変調（disorder）とされ，疾患（disease）に近い概念で定義されている。その一方で，個々の神経発達症を定義づける症状は，活動の制限（limitation）あるいは，参加の制約（restriction）の水準で記述されているので，障害（disability）と概念が混同してしまう可能性があるので注意が必要である。

　また，脳機能の障害（impairment）として発達障害を定義づけるための，コンセンサスを得た方法はなく，事実上は，医学的疾患概念である神経発達症の診断を根拠に，脳機能障害を想定することが多い。

2 | 障害に関連する疾患

　神経発達症は知的能力障害，コミュニケーション症，自閉スペクトラム症（autism spectrum disorder: ASD），注意欠如・多動症（attention deficit hyperactivity disorder: ADHD），限局性学習症（specific learning disorder: SLD），運動症等に分類される。本章では主に，高等教育機関で支援を要することが多い，ASD，ADHD，SLDについて説明する。

　ASDは，対人関係の困難と「こだわり」で特徴づけられる神経発達症であり[4]，一般人が"発達障害"という呼称を用いるときには，ASDの特徴を念頭に置いていることが多い。また，聴覚を主とする感覚の過敏や「パニック」といわれる情動制御の困難を伴うことも少なくないことが知られている。専門用語としても自閉症，高機能自閉症，アスペルガー症候群，広汎性発達障害，非定型自閉症，特定不能の広汎性発達障害（pervasive developmental disorder: PDDNOS）などさまざまな呼称と分類が並立し疾患概念の理解を複雑にしていたが，2013年に発行されたDSM-5ではASDに統一されている[5]。

　ASDを定義づけるDSM-5の診断基準は，社会的コミュニケーションの障害3項目，限定された反復的な行動様式（repetitive and restricted behavior: RRB）4項目から構成される。いずれの症状項目についても明確なカットオフラインはなく，広く項目を満たすようにカットオフラインを設定すれば，おそらく10人に1人程度は症状項目の基準を満たすだろうと考えられている[6]。しかし，ASD症状のために，社会的に意味のある障害をきたしているという項目が別途設定されており，この項目を厳密に適用すると，後に述べる有病率と同様に100人に1人程度がASDの診断基準を満たすことになると思われる。

　研究の領域ではautism diagnostic interview revised（ADI-R）[7, 8]という養育者への半構造化面接，autism diagnostic observation schedule（ADOS）[9]という本人への半構造化面接で症状を定量化して，自閉症あるいは自閉症スペクトラムの基準を厳密に定めている。ADI-R，ADOSはASD診断のゴールドスタンダードと考えられているが，ライセンス制度がありすべての医療機関で実施できるわけではない。したがって，上述のDSM-5に基づく診断が臨床では汎用

されている。

　ADHDは不注意，衝動性で特徴づけられる神経発達症である[10]。多動は小児期には最も目立つ特徴だが，成人期以降で多動が顕著に認められることは稀である。その一方で，成人では時間の管理に困難が生じていることがある。集中することや課題遂行に困難があり，会話中に重要な情報を聞き逃すなどして本来の能力を発揮できないことや，面倒な課題を先送りにして結局達成できないことなどが典型的な症状である。

　ADHDのDSM-5による診断基準の症状項目は不注意9項目，多動性-衝動性9項目から構成されている。ASDと同様，広くカットオフを設定し，症状の項目だけで診断をすると一般人口の中で相当の割合が診断されることになるが，ADHDの診断基準を満たすためには，これもASDと同様にADHDの症状により社会的に意味のある障害をきたしているという項目を満たす必要がある。また，ASDや躁うつ病を始め他の神経発達症，他の精神疾患でも，DSM-5の症状項目の不注意，多動性-衝動性症状は存在し得るので，これらの他の要因の除外が正確な診断のためには重要である。成人期のADHDの診断には，本人を対象にした半構造化面接であるConners' Adult ADHD Diagnostic Interview for DSM-IV（CAADID）[11] が用いられることが多いが，基本的には本人からの聞き取りによる判断になり，客観的な指標のみで診断することはできない。

　学習障害（Learning disability: LD）は，文部科学省の定義では，「学習障害とは，基本的には全般的な知的発達に遅れはないが，聞く，話す，読む，書く，計算する又は推論する能力のうち特定のものの習得と使用に著しい困難を示す様々な状態を指すものである。学習障害は，その原因として，中枢神経系に何らかの機能障害があると推定されるが，視覚障害，聴覚障害，知的障害，情緒障害などの障害や，環境的な要因が直接の原因となるものではない。」とされているが，DSM-5に準じた医学的な概念では，読み（decoding），綴字（spelling），文章の水準での書字受容・表出の困難，計算，数学的推論の困難がある場合に，SLDと診断される。なお，DSM-5では発達性協調運動障害（developmental cooperation disorder: DCD）とされる，随意運動の協調に障害（不器用）があって結果として書字に困難をもつ場合も，教育学的な概念では学習障害（書字障害）として取り扱われることがある。

DSM-5に準じる場合，SLDの診断も，DCDの診断もカットオフラインの設定には議論がある。SLDは，脳機能障害を想定した医学的疾患概念だが，事実上，活動の水準で測定される読み書き算数の標準尺度で，脳機能の異常が推定される。現在国内で標準化されていて多く用いられているのは，Kaufman Assessment Battery for Children（K-ABC）[12]，小学生のための読み書きスクリーニング検査（STRAW）[13]，Understanding Reading and Writing Skills of Schoolchildren（URAWSS）[14]である。DSM-5のテキスト（解説）ではカットオフラインとして，-1.5SDが推奨されているが，-2.5〜-1.0SDまでカットオフラインの幅を許容するとされており[2]，社会生活に困難が生じているのであれば，-1.0SDをカットオフラインとすることが本人の利益に適うだろう。IQとのディスクレパンシー（解離）でLDを定義する考え方が主張されることもあるが，DSM-5は知的能力障害を除外基準としている一方で，IQとのディスクレパンシーを理由にSLDと診断するという考え方は採用していない[15]。

　DSM-5により小児期にSLDの診断を受けている場合は，障害が継続していれば，診断自体の変更は原則検討する必要がない。一方で，成人期になってから初めて診断する場合は診断が簡単ではない。国内で標準化されている検査は，小児期でのみ標準化されており，成人期では標準化された検査での評価はできない。DSM-5はそのような現状を踏まえて，成人期では標準化尺度を用いずに経過から診断することを許容しているが，この場合，カットオフラインを定量的に設定することができない。SLDの診断を行う場合は，Wechsler Adult Intelligence Scale（WAIS）[16]を用いて，標準的な知能水準以上にあることを確認することが必要だが，標準的な知能水準を70以上とするか85以上とするかは議論のあるところであり，診断可能性を広く取ることが困難を抱えた本人の利益に適うというポリシーに基づくのであれば，70をカットオフラインに設定することになる。実際に，IQ70-85の場合，境界知能と呼称されるが正式な診断として定義されておらず，公的な支援を得られにくい。IQ70-85でSLDと診断するのであれば，境界知能の少なくとも一部は公的な支援の対象になる。支援を得られにくいが困難を抱えている一群を支援の対象にするという観点から，SLDの除外基準のカットオフラインはIQ70に設定することが妥当だと考えられる。DCDも原則SLDと同様の考え方でDSM-5による診断がされるが，

運動機能に関する標準化された検査は国内ではなく，書字の流暢性の困難がある一方で，書字の正確性には困難がない時にDCDと診断することが多い。

上記のように神経発達症は，その下位分類によって定義を構成する症状が異なり，後述するように想定される脳機能の障害が異なる。したがって，論理的に生じ得る困難及び効果があると考えられる配慮も異なる。

1つの神経発達症のみで，困難が説明できない場合には，他の神経発達症の並存を確認する必要がある。例えば，ASDで，書くことに困難がある場合には，SLDあるいはDCDの並存を確認することで，特定の環境における困難と配慮の合理性を担保することができる。

また，神経発達症のみではなく，並存する精神疾患の診断が，配慮の合理性を担保するために必要な場合がある。例えば，ASDのある学生で，集団を前にした発表（発表に相互性を要さないとして）に困難がある場合には，社交不安症の並存を確認することで，特定の環境における困難と配慮の合理性を担保することができる。神経発達症以外の精神疾患に関しては，第11章で詳述する。

3 | 疫学 [4, 10, 15, 17, 18]

ASDの有病率は一般人口の1％程度と考えられている。高等教育機関におけるASDの障害のある学生としての登録率は日本の学生では0.1%，米国の学生でも0.1%程度とされているが，日本の高等教育機関で登録されている障害のある学生が約1％，米国では約10%と報告されていることを踏まえると，全障害学生中の比率は，日本が米国の約10倍になる。

ADHDの有病率は一般人口の5％程度とされているが，成人期まで持続するものは，2.5%程度と考えられている。ADHDの障害のある学生としての登録率は日本の学生では0.05%，米国の学生では2％とされている。

SLDの有病率の十分なデータはない。SLDの一部である読み字障害（ディスレクシア）は比較的多く研究されているが，定義が研究により異なり，また言語によっても研究結果は異なるようであり，有病率は1～20%と幅広く報告されている。LD（SLDではなくLDで統計が報告されている）の障害のある学生としての登録率は日本の学生では0.01%，米国の学生では1％と報告されて

いる。

　米国ではASDと比較してADHD，LDとして登録されている学生の数・比率が圧倒的に多い[19]。またADHD，LDの登録学生の全学生中の比率は日本では米国と比較して約100分の1と大きな差が生じている。ADHDに関しては，米国では入学試験の時点で，時間延長などの配慮を得て，入学試験時の困難を軽減したうえで能力に見あった水準の大学に入学する学生が多いことが，日米の差異の一因となっているのかもしれない。また，LDも同様に入学試験時の配慮の有無が影響している可能性があるが，日本語では書字言語の構成上，アルファベットを用いる言語と比較してディスレクシアは比較的少ないと考えられており，このことが日米間の差異を修飾しているのかもしれない。

4 | 機能障害

　ASDでは他者の意図を理解することの機能障害（theory of mind[20]）あるいは，情報を統合処理することの機能障害（weak central coherence[21]）が比較的古くから，ASDの脳機能障害だと考えられている。脳機能画像研究ではtheory of mindにかかわる，脳部位として内側前頭前野，上側頭溝が有力視されており，これらの脳部位は社会脳と言われている。また，weak central coherenceにかかわる部位は，局在する部位というよりは，部位間の結合性の障害ではないかと考えられており近年の脳機能画像研究のトピックになっている[22]。ASDの神経心理学研究に用いられる課題は，研究の深化に伴い洗練され[23]，functional magnetic resonance imaging（fMRI），electroencephalogram（EEG），near infrared spectroscopy（NIRS）等さまざまなデバイスを用いた脳機能画像研究が報告され結果も収斂しつつある。

　このように，ASDの脳機能について，研究の水準では多くの知見が得られているが，臨床に関しては，ASDの脳機能障害を定量的に測定できる，判別力と再現性をもった検査は開発されていない。したがって，ASDに関連した困難を根拠づけるためには，医学的診断をされていることが最も容易な説明だと考えられる。社会的コミュニケーションの欠陥及びRRBはASDの症状として説明ができる。その一方で，DSM-5のテキストには，ICFでも精神機能の

障害に分類されている“組織化と計画の障害”がASDでは存在し得る旨が記載されている。[2,24]“組織化と計画の障害”は，weak central coherenceと概ね同じ概念であり，いずれも標準化された検査で定量的な測定を行うことはできないが，DSM-5でASDと診断されていれば，“組織化と計画の障害”が存在することにコンセンサスが得られていると考えられる。

　ADHDの脳機能障害としては，古くから実行機能の障害と報酬系の機能障害が，病態を説明できる仮説として有力視されている。いずれも脳機能画像による研究が多数なされており，実行機能障害に関しては前頭前野の異常，報酬系の機能障害については，前頭眼窩回–線条体が責任部位だと考えられており，両者の並存による，ADHD発症の仮説を，dual pathway hypothesisと言う。実行機能は幅の広い概念であり，注意の転導性，あるいは作動記憶などさまざまな高次機能を要素として含む。これらの脳機能障害は，少なくとも一部のADHDの病態を反映していると考えられているが，ADHDは相当に異種性をもった（heterogeneousな）疾患だと考えられており，これら以外にも時間概念の機能障害やdefault mode networkの機能障害など，新しい知見が報告されている。[10]

　臨床では，continuous performance test（CPT），[25] Das-Naglieri Cognitive Assessment System（DN-CAS）[26]を利用して，注意・衝動制御機能の定量的・標準的な測定をすることが可能だが，後者は17歳までしか標準化されていないので，大学生を対象とした評価には限界がある。また，CPTは，比較的低次の注意・衝動制御機能を測定する検査であり，CPTで異常（–1SD以下の成績）が検出されれば，脳機能障害があるとみなしてよいとは考えられるが，ADHDの医学的診断がなされていない状況で，CPTの結果のみで脳機能障害の存在を主張して合理的配慮を得られるかどうかについては，コンセンサスは十分ではない。なお，CPTで異常が検出できない場合でも，より高次の注意・衝動制御機能の障害がある可能性があり，注意・衝動制御機能の障害の存在を否定することはできない。

　SLDに関しては，読み障害の背景をなす脳機能障害について，古くから研究が多数行われている。[15]特にdecodingの困難で特徴づけられる，ディスレクシアの場合は，音韻の障害（phonological deficit: PD）が基盤にあることが有力

視されている。PDは発話された音を処理する過程の障害だとされている。また，PDとは別に有力視されているのは，rapid automatized naming（RAN）の障害であり，事物の名称を照合するスピードの障害であると考えられている。これらの脳機能障害に関して，研究用の課題は多数作成されているが，標準化され臨床で用いられている検査はない。また，これら以外にも視覚協応の障害など他の脳機能障害も想定されているが，臨床で一般的に用いられる検査はない。

　WAISの下位尺度は知的機能の要素的な障害を反映していると考えられており，[16]言語性知能，動作性知能，言語理解，知覚統合，作動記憶，処理速度それぞれで異常（-1SD以下の成績）が見出されれば，脳機能の障害があるとみなしても良いが，CPTと同様に，要素的な脳機能障害の存在を主張して合理的配慮を得られるかどうかについては，コンセンサスは十分ではない。

5 | 高等教育に関連する活動制限・参加制約

　ASDの社会的コミュニケーションの欠陥に関して，講義形式の場合には授業内容の理解には，原則困難は生じ得ない。その一方で，演習，実習，実験，実技など授業に相互的な要素が含まれ，社会的コミュニケーションを必要とする状況では困難が生じ得る。また，試験に関して，筆記試験では社会的コミュニケーションの欠陥に基づく困難は原則的には生じ得ないが，面接や口頭試問など相互的な要素が含まれる試験では困難が生じ得る。

　ASDで想定される“組織化と計画の障害”に関連する困難としては，授業内容が明示されていない状況で，理解に困難が生じることが挙げられる。試験・レポートなど学習の評価においても達成すべき課題が明示されていない状況で，同様の困難が生じ得る。授業・試験以外の場面では，授業・試験の内容・単位修得に関して説明する資料（シラバス等）が曖昧な場合に，“組織化と計画の障害”に基づく履修の段階での困難（間違い）が生じることがある。

　また，ASDでは感覚の過敏がRRBの1症状として存在していることがあるが，例えば聴覚過敏のために，集団設定での授業・試験では，集中力を維持できずに十分に能力を発揮できないことがある。その他のRRBの症状では，興味の

限定に基づいて，興味のもてない授業で十分意欲的に課題に取り組めない場合もある。

　合理的配慮は意思の表明とその後の交渉を経て提供されるが，ASDでは社会的コミュニケーションの欠陥のために，合理的配慮の意思表明・交渉のプロセス自体に困難が生じ得ることに留意が必要である。

　ADHDでは，不注意のために，授業内容を十分に把握することができない可能性がある。また，試験・レポートなどの評価の場面では，時間制限がある場合に，不注意のために制限時間内に能力を十分に発揮することが困難な可能性がある。さらに注意の転導性が不注意の背景にあると想定される場合には，集団設定での授業・試験では，気が散ってしまい十分に能力を発揮できないかもしれない。先送りなどの時間管理の障害に基づく行動は，ADHDの症状としてDSMでも規定されており，[2] 制限時間内での課題遂行が困難となることがあり得る。

　また，ADHDでは衝動的な行動のために，学校生活に困難をきたすことがあり，衝動的な行動は授業・試験に限らずすべての社会参加の場面で生じ得る。

　SLDでは，読み（decoding），綴字（spelling），文章の水準での書字受容・表出の困難，計算，数学的推論に関して困難が生じ得る。読みの障害では，スライド，黒板，資料，教科書など文字・文章で授業内容を伝える場合に，困難が生じる。また，試験の問題が文字情報で出題される（多くの筆記試験は，文字で問題用紙が構成される）場合には十分に能力を発揮できない可能性がある。書きの障害では，試験が筆記試験である場合に困難が生じ，レポートに関しても筆記が条件である場合（PCの利用が認められない）には，困難が生じ得る。また，授業内容をノートなどに書き写し復習することが授業の前提であれば，書き写しが間に合わずに十分に内容を把握できないかもしれない。算数の障害に関しては，数字を取り扱う授業・試験で困難が生じ得る。

　書くことの困難の原因と考えられる医学的診断がDCDである場合には，脳機能の障害ではあっても精神機能ではなく運動機能の問題なので，原則的には，肢体不自由と同じ困難が生じていると考えた方が支援はしやすいであろう。

6 高等教育に関連する配慮とその合理性

　ASDの社会的コミュニケーションの欠陥に基づく，相互的（インタラクティブ）な要素を含む授業における困難に対しては，本人だけ相互的な要素を排除した授業の構成とする，あるいは，相互的な要素に関して教員の側がコミュニケーションを調整し，授業内容の相互的伝達を可能にするという配慮が考えられる。このようなコミュニケーションに関する配慮は，相互的な要素が当該授業の本質である場合には，合理的な配慮とはみなされない。面接や口頭試問においても同様で，相互的な要素を排除するか，試験を担当する教員の側がコミュニケーションを調整することが必要な配慮だと考えられる。しかし，多くの面接・口頭試問は相互的な要素を含むことで社会的コミュニケーションの能力そのものを評価するために実施されており，そのような場合には面接や口頭試問の本質を変更することになり合理的な配慮とはされない。

　ASDで生じる，"組織化と計画の障害"に対応する配慮は，構造化された教育（Treatment and Education of Autistic and related Communication-handicapped CHildren: TEACCH）[27]の原則に従うと提供がしやすい。例えば，授業が口頭のみで行われている状況では，情報を統合的に理解することに困難が生じるかもしれないが，視覚的な教材を提供することで情報の整理を補助することができる。授業の内容が明示されていない状況では，内容を項目，順序立てて説明するなどの調整が必要な配慮となる。このように構造化された教育はASDの合理的配慮の基礎をなす[28]。その一方で，構造化された教育は構造化されていない教育と比較して，教育の提供方法としてより効果的かもしれないので，ユニバーサルデザインとして構造化された教育を障害のない学生を含めて提供することも選択肢になり得る。試験・課題など評価の際にも，構造化を行うことは必要な配慮になり得るが，曖昧な情報を自ら統合して理解すること，あるいは自ら計画して問題解決することが評価の本質である場合には合理的な配慮とはみなされない。また，試験時間の延長あるいは，提出期限の延長が必要な配慮として考えられるが，時間に制限のある状況で理解して問題を解決する能力が，評価の本質であれば，合理的な配慮とはみなされない。

聴覚過敏のために，試験に関して集団の中では能力が発揮できない場合には，耳栓の利用許可，個室受験が必要な配慮として考えられる。興味に基づく学業上の困難に関しては対応が簡単ではない。原則的に，授業の履修は興味に基づいて選択できるが，興味のない必修科目がカリキュラムポリシー・ディプロマポリシーで本質として定められている場合には，当該授業の回避は合理的配慮とはみなされない。

　高等教育機関で提供される多くのサービスは，窓口でのやりとりや教員との交渉など，社会的コミュニケーションを媒介して提供される。合理的配慮の提供を含むこれらの交渉プロセスで，ASDのある学生が不利を被らないためには，対応する教職員が意思の相互伝達を十分に成立させられるようにコミュニケーションを調整する必要がある。また，教員の側での配慮が不十分な場合には，本人の意思を理解し交渉相手に正確に伝達し，交渉相手の意図を本人に理解しやすい方法で伝達することによりコミュニケーションの困難を解消できる専門的知識をもった支援者を利用する代替コミュニケーションが，合理的な配慮と考えられるであろう。同様に，構造化された教育を実施するうえで，教員の余力がない場合には，ティーチング・アシスタント（TA）の利用が検討される。

　ADHDを特徴づける2つの症状のうちの1つ，不注意については，授業内容の把握や制限時間のある課題，集団での課題遂行に制限が生じる。授業内容の把握の制限に対応して，録音・録画機器の使用許可，黒板の撮影許可，資料の配布を行うことが必要な配慮として考えられる。本来はシンプルな配慮だが，授業内容が記録に残ることを教員が心理的な負担と感じるためか，実施にあたって，高等教育機関が抵抗を示すことがある。

　制限時間のある課題の遂行に関しては，試験時間・課題提出期間の延長が配慮となり得る。しかし，試験時間の延長に関しては，制限時間内に集中して課題を遂行することを能力の本質として評価している場合には，試験時間の延長は合理的な配慮とは考えられない。試験時間の延長は，入学試験など競争的な試験では合否を左右することになり，本人が合格することで不合格になる受験者もいる。本人あるいは他の受験者に十分説明できるように，試験の本質に集中する能力を含めるかどうか明確にしたうえで合理的な配慮として実施する分には不公平にかかわる問題は生じ得ないであろう。欧米では，ADHDの試験

時間延長は一般的な合理的な配慮だが[29,30]，制限時間に関して，試験の本質の考え方が日米で異なる（米国では時間内での課題遂行は重視しない）かもしれないので，欧米にならった安易な実施には注意が必要である。

ADHDの注意の転導性に関する配慮は，ASDの聴覚過敏の配慮と原理は同じであり，配慮の内容も個室試験，耳栓の利用許可など同様である。

時間管理の問題により生じる困難に対しては，不注意の延長と捉えて上記と同様に提出期限の延長を行うのが1つの配慮だが，さらに時間管理の機能自体に着目するのであれば，教職員による進捗の管理が合理的な配慮として考えられる。

多動性−衝動性に基づく，学業・生活上の困難に関しては，衝動性に基づく行動自体を制御する配慮は難しく，治療あるいは訓練により，自身の制御力を向上させる支援が主となるが，これらの支援は狭義の合理的な配慮とは考え難い。また，衝動性に基づいて実行した行動を後から遡って変更することが，必要な配慮であるとしても，公平性の確保が難しく，合理的配慮として提供する場合には，慎重な検討が必要になる。

SLDの下位分類，読みの障害に関しては，授業・試験の内容を文字情報で伝達するという状況で，文字情報以外の方法で伝達することが必要な配慮になる。読み上げることで音声情報にすることができるが，読み上げる方法としては，教員や支援者など人的支援を用いる場合と，文字情報を電子ファイルにして読み上げソフト（物的支援）を用いる場合がある。どちらの支援方法を選択するかは困難の軽減の程度，技術的，予算的，人員的負担等を踏まえて交渉を行う。いずれにせよ，文字を読むこと自体が，授業・試験の本質である場合には，合理的な配慮とは判断されない。前述したように読みの障害に関しては，原因となる神経心理学的水準の機能障害が複数想定されている。音韻の機能障害，あるいはRANの機能障害が想定される場合には，読み上げによる配慮が必要な配慮だと考えられるが，その一方で，読みの障害の基盤に視覚協応の機能障害が存在すると想定され[31]，読み飛ばしが読字の困難の背景にある場合には，定規を使うなど，視覚情報のまま文字情報を調整することで対応可能である。後者の場合には，文字を読むこと自体が授業・試験の本質であっても，合理的な配慮になり得る。

表10-1　発達障害と配慮

診断	機能障害・症状	機能障害の検査
ASD	社会的コミュニケーションの障害 組織化と計画 限定された反復的な行動様式 感覚過敏	
ADHD	不注意・注意機能 時間管理 多動性・衝動性	CPT・DN-CAS
SLD	書き言葉の受容（PD・RAN） 書き言葉の表出 計算機能	K-ABC2・STRAW・URAWSS K-ABC2・STRAW・URAWSS K-ABC2
DCD	随意運動の協調	
	聴覚機能障害 視覚機能障害 肢体不自由	純音聴力検査等 視力検査等 徒手筋力検査等

　書きの障害に関しては，試験・課題での綴字，あるいは授業内容（黒板，スライド，あるいは講師による口頭の音声情報）を書くことで記録する必要がある場合に，困難が生じる。高等教育機関では授業中及び課題提出でのPCの利用はユニバーサルデザインの範囲で許可されていることが多い。また，授業中にPCの利用に制限がある場合でも，合理的な配慮としてPCの利用を許可できる。一方で，試験におけるPCの利用については，漢字が採点対象になる試験では，漢字変換機能を用いた場合にほぼ失点をせず本人が有利になる可能性を踏まえなければいけない。欧米では，書きの障害がある場合の試験時のPCの利用は，広く実施されている合理的な配慮だが，PCのスペルチェッカー機能は停止される。[29,30] 日本語でPCを利用する場合の漢字変換機能はスペルチェッカーと同等の機能だと考えられるので，特に競争的な試験で合理的な配慮として実施する場合には，慎重な判断が必要である。その一方でDCDにより書きの障害が生じている場合には，身体疾患（麻痺など）と同様に，試験時間の延長で困難を軽減することが可能だろう。

　算数の障害に関しては，計算機の使用許可，授業・試験において数字を取り扱う要素の回避，課題の代替えが必要な配慮として考えられるが，計算を含めた数字を取り扱う要素が，当該授業・試験の本質的な要素かどうかの判断が合理性の確認のために必要である。

活動の制限	参加の制約	必要な配慮
コミュニケーション 複雑な問題解決（雑多・曖昧） 複雑な問題解決（変化） 注意の集中	インタラクティブな授業 レポート，雑多・曖昧な授業 インタラクティブな授業 騒々しい授業	個別課題・代替コミュニケーション 教示方法の調整［構造化］；TA・視覚呈示 教示方法の調整［構造化］；TA・視覚呈示 別室試験・耳栓等許可
注意の集中 日課の管理	講義（資料なし） 卒業論文	別室試験・（録音許可・試験時間延長） 進捗管理の補助
読むこと 書くこと 計算	試験・資料 試験・課題	PC利用 PC利用 計算機利用
書くこと	試験・ノート	時間延長・PC利用・実験の補助；TA
聞くこと（話すこと） 視ること（書くこと） 移動・書くこと	講義（口頭） 講義（画像・資料） 教室移動・試験	補聴システム・PCテイク等 拡大資料・読み上げ等 教室変更・実験の補助；TA等

　上記の困難に限らずさまざまな困難が，神経発達症の症状・行動特徴あるいは想定される機能障害と，高等教育機関の環境因子（事務・事業）の相互作用により生じる。これらの困難には無限のバリエーションがあり，定式化された配慮だけでは合理的な配慮として不十分であることが想定される。とはいえ，神経発達症の定義，症状・行動特徴，機能障害を十分に理解したうえで，上述した配慮例での考え方を参考に，柔軟に検討・判断すれば無限のバリエーションをもつ合理的配慮を提供することが可能である（表10-1）。

7 | 実務上の留意点

7.1　否定的な態度と偏見

　発達障害に関しては，その理解と受容の幅が広く，個々の高等教育機関あるいは個々の教職員によって，接する態度が相当に異なる点には留意が必要である。合理性と愛情をもって発達障害のある学生を支援する高等教育機関，教職員がいる一方で，発達障害のある学生を面倒ごととして捉える教職員，あるいは発達障害のある学生だからといって特別扱いはしないというポリシーが教育の正義だと考えている教職員，「発達障害と怠け者の違いは何なのか？」と支

援を提供することに疑問をもつ教職員などさまざまである。また，表面的には，発達障害のある学生への対応に前向きなようだが，できるだけ自ら，あるいは自らの組織の負担を減らそうとする教職員が残念ながら存在する。

　周囲の態度が否定的な場合でも，合理的配慮を提供するプロセスを支援する専門職には粛々と必要な手続きを進める精神力が求められる。これらの合理的配慮提供の手続きは正確な知識をもって行えば，周囲の否定的な態度に影響されることなく，粛々と進めることができるはずである。本人がいたたまれなくなって，配慮提供の要望を取り下げることもあるが，周囲の否定的な圧力に屈して機会均等の権利を自ら放棄する事態は，極めて残念なことである。

　合理的配慮を提供する場合に，周囲の他の学生に特別な取扱いをしている旨が知られる可能性があり，教員がその旨を他の学生に説明する必要が生じる場合もある。教職員は障害のある学生であることを，根拠（医学的診断名など）を含めて認識している必要があるが，合理的配慮を提供するプロセスにおいて，周囲の学生に医学的診断名を知らせる必要はない。したがって，このような場合は，「コミュニケーションに困難がある」など活動の水準での説明に留めることが選択肢である。また特別な取扱いをしていることが周囲に一切知れ渡らないような配慮を要望する場合もあるが，可能であればその配慮を選択し，周囲に知られずに配慮することが不可能な場合には，本人と教職員が相談し，最終的には本人が，配慮の利益・不利益を勘案して配慮の内容を選択すれば良いものと考える。

　そもそも，周囲に知られたくないということが判断に影響を及ぼしていることは，正常な状況ではない。偏見はゼロにはならないかもしれないが，発達障害への偏見をもつこと自体が，非常に恥ずべき権利の蹂躙だという意識を社会がコンセンサスとしてもつことが強く望まれる。

7.2　登録される発達障害のある学生の変動

　疫学の項目で述べたが，米国と比べて，日本で登録されている発達障害のある学生の比率は極めて少ない。しかし，ADHD，SLDのある学生を対象とした合理的配慮の提供が，入学試験の段階で実施されることが近年増加しており，2016年の障害者差別解消法の施行以降は，ADHDのある学生を対象とした試

験時間の延長がセンター試験で実施されている。前述したように試験時間の延長は，本人が有利になることもあり得るので難しい問題をはらんでいる。

　今後，入学試験において試験時間延長の要望が増加することが予想されるが，ADHDの診断を正確に行える医療機関は少なく，医療機関への受診を行える受験者とそうではない受験者に格差が生じる可能性がある。また，DSM-5による医学的な診断は，本人への問診を基に原則的には性善説に則り実施されるので，入学試験を有利に受けるために診断を求めてくる受験者に関して，ADHDの診断を否定することは難しい。同様に，SLDのある学生を対象とした入学試験時のPCの利用が増加するとしたら，漢字変換機能を利用して受験が有利になることを期待して，SLDの診断を求めてくる受験生に関してもADHDと同様に診断を否定することは難しい。おそらく欧米でも診断を否定できないという同様なジレンマが一定程度はあろう。それでも障害者の権利を守るという視点で，このジレンマを許容する心構えが必要だと考えられる。

　今後，このように入学試験での配慮が実施されることが増加すると，ADHD，SLDのある学生が本来の能力に見あった水準の大学に入学することになる。したがって，入学後の合理的配慮の提供が次の課題になる。試験時間延長，PCの利用に関して実務的な問題は，試験監督の準備である。ここに多大な労務を費やすと，過大な負担により，配慮の合理性が担保できなくなる恐れがある。試験監督1人で複数の受験生を監督できる試験室を用意するなど，インフラの水準で，合理的配慮の提供に関する準備を進めることが望まれ，インフラの整備が日本の大学全体のコンセンサスとなれば，入学後の合理的な配慮についても円滑に提供することが可能になるであろう。

7.3　教職員の相談

　障害学生支援室に寄せられる相談で少なくないのが教職員からの相談である。多くはASDのある学生に関連する相談で，本人の自覚はないが，周囲が困難を感じているという相談である。ASDは社会的コミュニケーションの欠陥が前提なので，一定の頻度でこのような事態が生じる。

　この場合，まず周囲が具体的な支障を言語化することが必要である。内容の詳細を確認していくと，単に教職員が不愉快な思いをしているだけというケー

スも多い。その一方で，実質的な支障（例えば，細かな質問を繰り返し，教員が他の学生と話す時間を取れない）が明確な場合には，その支障のために，本人の行動に制約をかけざるを得ない場合がある。制約は本人にとっては困難になる。制約をかける場合には明確に周囲に生じている支障と本人の行動を制約せざるを得ない理由について本人に説明することが必要である。そのうえで，制約により生じた困難を解消するための支援（治療，訓練，合理的配慮）と専門機関，支援の根拠になる医学的診断が可能な医療機関（学内に医療機関があれば情報交換が容易なので望ましい）に関する情報を本人に提供することが望ましい。このように医学的診断と支援（例えば，先の例では質問の回答を特別に図表として視覚的に提示する）の提案をしたうえで，本人が支援を拒否するのであれば，粛々と制約を実施することになる。

　合理的な配慮を提供しなくても，一般的な周囲の対応の調整で，本人及び周囲の支障が解消されることは少なくない。このような調整をユニバーサルデザインの範囲で実施することは許容されるであろう（教員はある程度本人の個性に合わせて教示の方法などは変えるものである）。ただし，調整が行きすぎて（例えば，グループディスカッションが困難なので半強制的に個別の相談にする），本人が異なる取扱いをされて不利益を被っていると感じた場合には，不当な差別的取扱いと判断される可能性もある。本人が不快感を表明した場合には，速やかに本人と相談し，本人が不快感を感じない程度に周囲の対応を修正した方が良いであろう。結果として，周囲に実質的な支障が残存し，制約をかけざるを得なくなることもあるが，それは本人の選択が尊重される。

【引用・参考文献】

1)　厚生労働省. 発達障害者支援法 2004 https://www.mhlw.go.jp/file/06-Seisakujouhou-12200000-Shaka iengokyokushougaihokenfukushibu/shienhou_2.pdf.

2)　AmericanPsychiatricAssociation. Diagnostic and Statistical Manual of Mental Disorders-Fifth Edition. Arlington, VA: American Psychiatric Association; 2013.

3)　世界保健機構. International Statistical Classification of Diseases and Related Health Problems 2013 https://www.mhlw.go.jp/toukei/sippei/.

4)　Lord C., Elsabbagh M., Baird G., et al.: Autism spectrum disorder. *Lancet*, 392; 508-520, 2018.

5)　Lord C., Petkova E., Hus V., et al.: A multisite study of the clinical diagnosis of different autism spectrum disorders. *Archives of General Psychiatry*, 69; 306-313, 2012.

6） 本田秀夫　自閉症スペクトラム――10人に1人が抱える「生きづらさ」の正体　ソフトバンククリエイティブ　2013

7） Lord C., Rutter M., Le Couteur A.: Autism Diagnostic Interview-Revised: a revised version of a diagnostic interview for caregivers of individuals with possible pervasive developmental disorders. *Journal of Autism and Developmental Disorders*, 24; 659-685, 1994.

8） Tsuchiya K.J., Matsumoto K., Yagi A., et al.: Reliability and validity of autism diagnostic interview-revised, Japanese version. *Journal of Autism and Developmental Disorders*, 43; 643-662, 2013.

9） Lord C., Rutter M., Goode S., et al.: Autism diagnostic observation schedule: a standardized observation of communicative and social behavior. *Journal of Autism and Developmental Disorders*, 19; 185-212, 1989.

10） Posner J., Polanczyk G.V., Sonuga-Barke E.: Attention-deficit hyperactivity disorder. *The Lancet*, 395; 450-462, 2020.

11） 中村和彦　CAADID日本語版マニュアル　金子書房　2012

12） Kaufman A.S., O'Neal M.R., Avant A.H., et al.: Introduction to the Kaufman Assessment Battery for Children (K-ABC) for pediatric neuroclinicians. *Journal of Child Neurology*, 2; 3-16, 1987.

13） 宇野彰・春原則子・金子真人ほか　STRW-R改訂版　標準読み書きスクリーニング検査　インテルナ出版　2017

14） 河野俊寛　LDの診断・評価―URAWSS. 臨床心理学, 16; 45-47, 2016

15） Peterson R.L., Pennington B.F.: Developmental dyslexia. Lancet, 379; 1997-2007, 2012.

16） Wechsler D.: *Wechsler adult intelligence scale–Fourth Edition (WAIS–IV)*. San Antonio, TX: NCS Pearson, 2008.

17） United States Government Accountability Office. HIGHER EDUCATION AND DISABILITY 2009 https://www.gao.gov/assets/gao-10-33.pdf.

18） 日本学生支援機構　令和元年度（2019 年度）大学，短期大学及び高等専門学校における障害のある学生の修学支援に関する実態調査結果報告書 2020　https://www.jasso.go.jp/gakusei/tokubetsu_shien/chosa_kenkyu/chosa/__icsFiles/afieldfile/2020/04/02/report2019_0401.pdf.

19） Vanbergeijk E., Klin A., Volkmar F.: Supporting more able students on the autism spectrum: college and beyond. *Journal of Autism and Developmental Disorders*, 38; 1359-1370, 2008.

20） Baron-Cohen S., Leslie A.M., Frith U.: Does the autistic child have a "theory of mind"? *Cognition*, 21; 37-46, 1985.

21） Happé F., Frith U.: The weak coherence account: detail-focused cognitive style in autism spectrum disorders. *Journal of Autism and Developmental Disorders*, 36; 5-25, 2006.

22） Yahata N., Morimoto J., Hashimoto R., et al.: A small number of abnormal brain connections predicts adult autism spectrum disorder. *Nature communications*, 7, 2016.

23） Senju A., Southgate V., White S., et al.: Mindblind eyes: an absence of spontaneous theory of mind in Asperger syndrome. *Science*, 325; 883-885, 2009.

24） 世界保健機構　ICF 国際生活機能分類――国際障害分類改訂版　中央法規出版　2001

25） Baggio S., Hasler R., Giacomini V., et al.: Does the Continuous Performance Test Predict ADHD Symptoms Severity and ADHD Presentation in Adults? *Journal of Attention Disorders*, 24; 840-848, 2020.

26） Qin L., Liu H., Zhang H., et al.: Evaluation of the diagnostic implications of Das-Nagleri cognitive assessment system in children with attention deficit hyperactivity disorder. *BMC Psychiatry*, 18; 386, 2018.

27） Mesibov G.B., Shea V.: The TEACCH program in the era of evidence-based practice. *Journal of Autism and Developmental Disorders*, 40; 570-579, 2010.

28） Gelbar N.W., Smith I., Reichow B.: Systematic review of articles describing experience and supports of individuals with autism enrolled in college and university programs. *Journal of Autism and*

Developmental Disorders, 44; 2593-2601, 2014.

29) Cahalan-Laitusis C. Accommodations on Highstakes Writing Tests for Students With Disabilities 2004 https://www.ets.org/Media/Research/pdf/RR-04-13.pdf.

30) Joint Council for Qualification. Adjustments for candidates with disabilities and learning difficulties 2020 https://www.jcq.org.uk/wp-content/uploads/2020/08/AA-regs-2020-2021-version-for-website.pdf.

31) Manis F.R., Seidenberg M.S., Doi L.M., et al.: On the bases of two subtypes of developmental [corrected] dyslexia. *Cognition*, 58; 157-195, 1996.

第 11 章

精神障害

1 ｜ はじめに

　精神疾患には，10代や20代に好発するものもあり，高等教育機関においても，それによりもたらされる機能障害に対して合理的配慮が必要となることがある。

　精神疾患の結果として生じ得る機能障害は，身体障害のような認識のされ方での周囲からの認知はされづらく，また，困難を共有する助けとなるような生物学的な検査といった身体的客観的指標は存在しない。しかし機能障害は時に重篤で，疾患により，学業の遂行どころか日常生活や生命をもおびやかすことがある。また，発症後，十分な改善が得られるものから慢性的あるいは進行性の経過をたどるもの，症状が挿話性に生じるものなど，経過もさまざまで，さらには同じ診断名であっても，症状の内容や機能障害の程度など個人間の差が大きい。

　前項で示されているように精神障害は発達障害を含む上位概念であるが，発達障害は生来的な特性的であって，身体障害と同様「社会的障壁を取り除く」という考え方に比較的なじみやすい印象がある。一方，発達障害以外の精神障害の捉えられ方は，いわゆる"病"であって，治療による病状の改善やリハビリテーションを行うことなど，あくまでも本人側の要因の変化の結果を介して社会復帰を目指す，というのが原則的な考え方であった。これは，医療者側だけでなく，当事者においてもその考え方が中心的であったようにも思われ，実質的には慢性的かつ持続的な機能障害を有することが多々あるにもかかわらず（むしろ時にその機能障害の重篤さゆえに），「社会的障壁を取り除く」という考え方にはなじんでこなかった。そのような中，障害者差別解消法の施行を契機に，高等教育機関においても，改めて合理的配慮の提供を受ける対象として再確認されつつあるものと思われる。

　精神疾患は，治療によって機能障害の程度ひいては必要な配慮も変遷し得るため，医学的な状態を十分に理解しつつそれに応じた配慮を検討する必要があること，また，配慮としても，機能障害の内容によっては授業などにおける学術的要件といった本質的な部分に抵触する可能性について慎重な検討を要する時があること，など，支援の現場においては身体障害以上に個別的な検討が必

要となり得る。

　本項では支援現場で遭遇することの多い精神疾患について概説し，疾患によりもたらされる機能障害と合理的配慮の可能性について示す。

　なお，精神保健及び精神障害者福祉に関する法律（精神保健福祉法）において対象となる「精神障害者」とは「統合失調症，精神作用物質による急性中毒又はその依存症，知的障害，精神病質その他の精神疾患を有する者」であり，精神障害者（知的障害を除く）は，同法律に基づき，必要に応じ精神障害者保健福祉手帳を取得する。障害者基本法および障害者差別解消法において（精神）障害者とは「（精神）障害があるため，障害及び社会的障壁により継続的に日常生活又は社会生活に相当な制限を受ける状態にあるものをいう」と記載されている。本項では，精神障害者を，何らかの精神疾患に基づく機能障害によって現在の修学環境においては学業を遂行するうえで困難を生じる者，として扱う。

2 ｜ 精神疾患の概略

　精神疾患とは，本人あるいはその本人を取り巻く周囲の人々が日常生活を送るうえでの支障をきたすような，人における精神機能としては正常ならざると考えられる徴候，すなわち精神症状について，その性状や経過などを基にカテゴライズされ，疾患単位として認識されているものである。

　従来の医学的な精神疾患の考え方としては，1．器質的な原因に付随して精神症状が生じ，そのことが生活上の機能障害を生じる前景となっているもの，2．現時点で明らかな原因はまだわかってはいないものの，本人の身体的な素因に基づき精神症状が生じていることが想定される，いわゆる，内因性精神疾患（その症状は“正常の”精神機能の延長として了解することが難しい），3．ある程度こういった状況においてこういった精神症状が生じるということが了解され得るもの，といったところを大枠としている。いずれもオーバーラップし得るものであるが，診断を行っていくうえでは，原則1→2→3の順で考えていくこととなる。

　現在の診断のなされ方としては，第10章の発達障害の説明でも触れられて

いるように，診断に対応する疾患概念も，再構成などが行われる中で変遷してきた従来診断から，ICD-10，DSM-5といった診断基準に沿ったものまでさまざまである。[1,2] 支援現場において合理的配慮の必要性を検討するうえで，例えば診断書として提出されるものにも，従来診断が記載されていたり，はっきりした診断名が書かれておらず「状態像」（現在の本人の精神状態を最も端的に表すもの。例えば抑うつ状態と記載されているからといってうつ病とは限らない。躁うつ病にせよ他の病気にせよその疾患の結果，現在の本人には抑うつ状態が前景となっているということを示しているだけである。推奨されるものではないが，診断書においてはさまざまな理由からそのような記載となっていることもある）のみの記載であったり，きちんと何らかの診断基準に沿って記載されていたりするものもあるなど，一律とはいえない状況にある。配慮を検討すべき機能障害も，診断名からだけでは読み取りづらいことも多く，主治医への問い合わせによる確認や，改めて医学的な再評価が必要となることもある。

　次に，高等教育機関における障害学生支援においても対象となることの多い，統合失調症，気分障害（双極性障害，うつ病），不安障害について概説する。本章では，これら4つの精神疾患を中心に述べるが，ここで記載しない精神疾患であっても考え方の原則は同様である。

3 | 各精神疾患の概説

3.1　統合失調症[3,4]

　統合失調症は，陽性症状，陰性症状，認知機能障害を中核症状とする内因性精神疾患の1つである。"陽性"とは，本来通常の精神機能として存在しないと考えられることを意味し，その症状としては，幻覚，妄想，解体した会話や行動などがあり，これらの病的体験に基づき問題行動に至ることもある。"陰性"とは，逆に本来あるべき精神機能が失われているということで，症状としては，意欲低下，情意鈍麻，思考や会話の貧困化，無為自閉などがあげられる。認知機能障害はこれら陽性症状や陰性症状に比べて比較的最近になって注目されるようになった症状で，記憶，実行機能，注意，処理速度など，外界の認知

やそれに伴う遂行における障害であり，これらは社会的機能の低下に対する影響が大きいことから，予後に影響を与える最たるものと考えられている。ICD-10ではF2「統合失調症，統合失調型障害および妄想性障害」の中で，F20統合失調症として，その下位分類とともにカテゴライズされている。

　国や民族によらず統合失調症の発症率は0.8%程度で，初発年齢のピークは男性では15歳から25歳，女性では25歳から35歳及び45歳から50歳の二峰性とされている。思春期といった人生早期に発症し，根治的治療は存在せず，少なからぬ患者が再発を繰り返し，十分な改善がみられないまま慢性的な経過をとることがある。10%とされる高い自殺率もあって，平均寿命そのものも一般人口と比して短く，薬物の副作用や身体的な問題を抱えることも多い。

　治療としては，抗精神病薬を中心とした薬物療法，精神療法や作業療法を中心とした心理社会的治療・リハビリテーションが，患者や家族が疾患に対する理解を深めることでうまく疾患とつきあっていくための心理教育と併せ行われる。急性期の状態によっては入院しての加療を行わざるを得ないこともあり，薬物療法は生涯にわたって継続していく必要があると考えられている。また改善を得て復学することとなっても，機能障害が残存しつつであることも多く，その後の再発や増悪のリスクもある。さらに，しばらく間が空いてから復学する場合に，学年が変わっていたりすると，新たな人間関係を築く必要があったり，履修についての情報も得づらかったりなど，通常以上に負荷がかかることにもなるため，本疾患に付随するストレス脆弱性も勘案しつつ，保護的な環境を想定した配慮や支援を検討する必要があろう。

3.2　気分障害（双極性障害，うつ病）

3.2.1　双極性障害（躁うつ病）[5,6]

　双極性障害（躁うつ病）は，統合失調症と同様，内因性精神疾患であり，後述するうつ病と同じく，「気分」の障害である。情動は対象に伴う一時的なものであるのに対し「気分」とは基調となる持続的な状態であり，感情は情動と気分双方を含む。双極性障害では，ある程度持続する，躁状態，あるいは，うつ状態を繰り返すことが特徴であり，これらのエピソードは，通常経過とともに回復する。躁病エピソードは急に始まって，数週から数か月単位で持続し，

気分の高揚や活動性の増大，誇大性や観念奔逸，睡眠欲求の減少といった症状を呈することが多い。症状に伴う逸脱した行動や言動により自身の財産を失ったり友人関係なども含め社会的な信頼を失ってしまったりすることもある。うつ病エピソードは躁病エピソードより長い傾向にあり，抑うつ気分，興味喜びの消失，集中力や注意力の減退，罪責感，無価値観，意欲低下，活動性の低下といった症状を呈し，自殺の観念が生じて企図にいたることもある。身体症状としては睡眠障害（早朝覚醒，中途覚醒，入眠困難等）や食欲低下に伴う体重減少，易疲労感などがみられる。いずれの症状も環境や日による影響は少ないが，時に午前中は症状が重いが午後から夜になるとやや改善するといった日内変動を示すことがある。ICD-10では，F3「気分（感情）障害」の中のF30躁病エピソードあるいはF31双極性感情障害（躁うつ病）としてその下位分類とともにカテゴライズされている。

双極性障害は，有病率は1％弱で，20〜30代に発症し，男女差ははっきりしない。治療は薬物療法が主体となり，気分安定薬による病相の予防が最も有効な治療だと考えられている。発症後の服薬継続により，うつ病エピソード，躁病エピソードともに予防されていれば，機能障害はあまり想定されず，配慮の希望にいたることは少ないものと思われる。しかし，第1選択薬であるリチウムでも予防率は3割程度とされており，予防しきれない場合は，うつ状態や躁状態が生じることに伴い，学業への支障が生じ得る。また，うつ病エピソードなど，症状が遷延する場合は，配慮が必要となることもあろう。

高等教育機関に就学する年齢で原因のはっきりしないうつ状態を呈していれば，後述のうつ病ももちろんではあるが，より双極性障害を念頭におきつつ診断を考えるべきと思われる。というのも，双極性障害は躁状態がみられない場合は診断にいたらないため，うつ病として治療され，後に躁状態を呈したことにより双極性障害であったことがわかる場合も多々あり，また，抗うつ薬のみでの治療は双極性障害には無効とされているためである。

3.2.2 うつ病[7,8]

双極性障害と同様，気分障害の1つで，双極性障害のうつ状態と症状だけでは区別がつかないが，生物学的には別の病気であると考えられている。ICD-10ではF3「気分（感情）障害」のF32うつ病エピソード，F33反復性うつ病性

障害としてその下位分類とともにカテゴライズされている。双極性障害よりは好発年齢が高く，環境的要因に引き続いて生じるようにみえるものも多く，遺伝性も低い。有病率は躁うつ病よりも高く，数％程度，生涯有病率では躁うつ病が１％強とされているのに対し，10％を超えるとされている。薬物療法としては抗うつ薬が主体となり，認知行動療法などの心理療法も有効である。しかし，改善が困難で病状が遷延することもあり，その場合はある程度の改善が得られた段階で修学を再開することもある。また反復性うつ病性障害のようにエピソードを繰り返すこともあり，修学において支援を必要とすることがある。

3.3 不安障害[9-11)]

不安障害は器質性でも内因性でもない，従来，"神経症"という概念の中で，了解可能な心理的要因と関連しているように考えられてきた疾患であり，ICD-10においては，F4「神経症性障害，ストレス関連障害，身体表現性障害」としてまとめられているカテゴリーに属する。不安障害の細分類としては，社交恐怖（F40恐怖症性不安障害，F40.1社会〔社交〕恐怖〔症〕），パニック障害（F41他の不安障害，F41.0パニック障害〈エピソード〔挿間〕性発作性不安〉）などがあり，それらに伴う機能障害から配慮の希望がなされることもある（もちろんこれら以外もあらゆる疾患や機能障害に伴い配慮は必要となり得る）。

社交恐怖は，社交不安症，対人恐怖などとも呼ばれ，雑踏というよりは集団において他の人から注視されることに対するおそれがあり，そのような状況を避けることとなる。おそれのために２次的な症状として，赤面，手の震え，悪心，動悸などを呈するが，１次的なものと確信していることもある。青年期に好発し，人前で発表する，ディスカッションを行う，といった授業において参加が困難となり配慮の希望にいたることもある。ちなみに「不安」とは対象が必ずしも明確ではないものに対するおそれであり，対象が明確な場合のおそれは「恐怖」である。

パニック障害は，状況非依存性の重篤な不安発作（パニック発作）を中核とし，それに引き続いてさまざまな支障が生じ得る疾患である。パニック発作は，環境的背景と無関係に，動悸，胸痛，窒息感，めまいや非現実感などが突発的

に生じ，自制心の喪失や強度の不安を呈する。発作は通常数分程度ではあるが，繰り返されるうちに，そのタイミングや理由が予見できないことから，同様の発作が，1人の時に起きたらどうしよう，公衆の場で起きたらどうしよう，といった恐怖から，外出が困難となり，ひいては学業そのものへも参加が困難になることがある。

　不安障害の治療としては，抗うつ薬を中心とした薬物療法や心理療法が行われ，十分な改善が得られることもあれば，困難なこともある。

4 | 機能障害

　精神疾患によりもたらされる機能障害は，これまで述べてきたように，疾患の違い，治療の経過，個人間の差異などにより大きく変わり得る。

　統合失調症においては，幻聴や妄想など陽性症状が活発で，精神運動興奮状態にあったりすると，睡眠，食事といった基本的な生活機能そのものが障害され得るため，まずは治療が必要であり，学業を行ううえでの合理的配慮を検討する以前の段階である。治療が進み，いわゆる寛解状態あるいはそれに近い状態となり，日常生活ひいては，学業を行うことも検討できる状況になれば，必要に応じて支援内容も考えることとなる。現実的には，病前とまったく変わらない状態に復してから学校生活に戻ることができる幸運な例はそれほど多くはなく，何らかの機能障害を残しつつも復学することになろう。その際に想定されるものとしては，程度としては減じたとはいえ残存している病的体験に基づくもの，陰性症状に伴う情意鈍麻や無為自閉傾向，認知機能障害による遂行機能の低下などであり，また，薬物療法は長期にわたって継続する必要があるものの副作用のコントロールが難しいことがあり，そちらが機能障害をもたらしていることもある。また，漠然とした表現となるが，学業を行っていく前提となる，"生活体力"の低下もあろう。規則正しい生活や学術の遂行がすぐに発症前と同様に行えないこともある。さらに，本人自身の機能障害に加え，当然気持ちとして生じ得る病気そのものへの心配や，しばらく学業から離れていたことへの焦り，周囲環境が変化していることへの対応，など，疾患後でなくても負荷のかかり得る心の状態と環境に置かれることになる。統合失調症におい

ては"ストレス脆弱性"が指摘されているが，そちらも勘案しつつ，復学においては，保護的な環境のもと，徐々に日常生活に戻っていくのがよいものと考えられる。また，再発や増悪の危険性も十分に想定され，その際の機能障害の内容や程度も変化し得るため，その都度判断していく必要がある。ICFに基づく心身機能の分類としては，第1レベルまでの分類においては，第1章の精神機能，第2レベルの分類では，第1章の精神機能における全般的精神機能，個別的精神機能であり，個々の疾患の状態により，それぞれの下位項目はあてはまるものもあればあてはまらないものもある。

　気分障害においても同様で，躁状態やうつ状態も程度が著しい場合は，学業以前の問題であり，治療が優先される。双極性障害において，復学における保護的な環境についての考慮が必要となる可能性については，他の疾患と同様であるが，治療がうまくいって，病相が予防されていれば，通常機能障害は想定されにくい。うつ病も同様である。しかし，いずれの疾患も時に十分な改善が得られず，ある程度の状態まで回復したところで学業に復帰する場合もあり，ICFの第2レベル分類における活力と欲動の機能障害などを有したまま学業を行うことも生じ得る。

　不安障害においても気分障害と同様で，治療に伴う改善の程度が機能障害の程度や有無と関連している。

5 ┃ 高等教育に関連する活動制限・参加制約

　本人の要因として存在する機能障害と環境要因があいまって教育現場における活動制限や参加制約が生じる。

　精神疾患の病状によっては，自宅における日常生活も困難な状態であれば，登校そのものも難しくなる。自宅での日常生活がある程度可能となり，登校できるようになっても，症状が残存している中では，安定的に通うことが難しく欠席がちとなったりすることもある。睡眠を安定的にとることが困難な場合は，朝なかなか起きられないこともある。

　それぞれの疾患に特有なものとしては，例えば統合失調症においては，被注察感といった病的体験が残存していることによって，集団での講義や試験を受

けることに苦痛を感じるかもしれない。病的体験や認知機能の低下により授業そのものに対する集中や理解が難しくなることもあり得る。気分障害においても，うつ状態にあれば，思考の制止，集中力や意欲の低下から，病前と同様の学習が難しい場合もあろう。社交不安では，ディスカッションやプレゼンテーションを行うことが難しくなることもある。また，薬物の副作用によっては眠気や集中困難，発語時の呂律不良や振戦に伴う書字の困難といったこともありえる。

　また，疾患による直接的な制限ではないものの，学生はさまざまな修学の情報を同学年の友人などから得ることが多いのも実際であり，例えば療養により休学などを経て復帰した場合に，以前の学年と異なる社会状況となることから，情報弱者の状況に陥ることも学校生活の制約となり得る。

6 | 高等教育に関連する配慮とその合理性

　前述のように，精神疾患に伴う機能障害に基づいた活動制限や参加制約に対する配慮は，その把握が身体障害と比べて難しいことから教員などを含め周囲の理解が得られにくい傾向があり，また，その配慮の希望も，機能障害の内容によっては授業の学術的要件に抵触（本質の変更），あるいは過度な負担となり得ることもあるものと考えられる。前者は単なる無理解に伴うものであり，そのことによって合理的配慮がなされないのは問題であり，周知啓発を行っていく必要がある。配慮は，これまで繰り返し示してきているように，1．特定の障害及び特定の状況により支障が生じており，特定の配慮により支障の改善が想定され，2．配慮にあたっては，学業（事務・事業）の本質を変更せず，3．物理的，技術的，人的，体制上，費用の負担が妥当，ということがすべて満たされて，合理的な配慮とみなされるが，授業であれば，その授業を担当する教員が，配慮が学術的要件を損なわない（本質を変更しない）ことを担保することになる。他の学生との公平性も含め，時に苦慮することもあろうが，教員にとっては，普段自らが提供している授業における本質は何か，試験で評価している本質は何なのか，ということを改めて確認する機会ともなり得るものでもあり，それらを問いなおすことは，ひいては授業や試験の質の向上にもつ

ながることにも通ずるのではないかと思われる。

　合理的配慮について，極端な例を挙げて考える。例えば，パニック障害による広場恐怖のため外出できず，出前授業を行ってほしい，といった配慮希望が仮にあったとする。現在の社会状況，高等教育機関の体制からは一般通念上あり得ないように思われるが，合理的配慮の要件としては，「広場恐怖を伴うパニック障害により外出できず，大学の提供する形式では授業が受けられない」という支障に対し，「教員が自宅に出向いて授業をすることで，授業を受けることができるようになる」わけで，支障の改善は想定される，すなわち，個別の事情に応じた“必要性”は満たすことになろう。もし授業が，集団で他の学生とともに学ぶことを本質とはしていなければ，学術的要件を損なうものではないであろう。常識的には教員が自宅に出向いて1人の学生のために講義を行うことは考えづらいが，もし，学校として過度な負担にはあたらないという判断がなされれば，合理的配慮として成立する。

　例をいくつか挙げるが，配慮としてなされているものは，精神疾患の種類や診断名よりは，症状に伴う機能障害に基づいている。これは，それぞれの精神疾患と機能障害は1対1対応するものではなく，この精神疾患ではこの症状は生じない，といったことは確定的には言えず，ある精神疾患においてよくみられる機能障害であっても，他の精神疾患においてもみられ，本人の参加制約における主たる要因となっていることもあるためである。

　授業において，不安障害に伴う不安症状のため，あるいは，統合失調症に伴う病的体験のため人前での発表が困難な場合は，レポートなど別の方法に代替をすることも配慮の候補となる。統合失調症などの症状として独語や空笑がある，あるいは，被注察感から周囲のことが気になって落ち着いて試験が受けられない場合，前者は周囲の影響を鑑みての，後者は本人の困難さに伴うものであるが，別室受験の設定やレポートによる代替は配慮として考えられるであろう。別室での受験希望理由が，電磁波に攻撃されるため落ち着いて受験できない，といった幻覚妄想に基づいたものであっても，「電磁波に攻撃されている」という訴えに対して教室をシールドで覆うといった対応は，本人からの要望であっても受け入れられにくいだろうが，別室での受験により，症状に伴う2次的な心配や緊張が緩和され受験できるようになることが想定されるならば，

合理的配慮としての「必要性」は満たされ得るかもしれない。精神疾患の種類によらず，状態によって頓服薬の服用が必要となることはよくあるが，授業中や試験中の使用許可も配慮となろう。何らかの精神疾患に伴う頻尿のため，出口に近い試験時の席を用意する，薬物の副作用などで手指の振戦が著しく回答に物理的に時間がかかるため，試験時間を延長する，といったものも配慮の候補である。いずれも，その授業において学ぶべき学術的要件やその試験で評価しようとする本質的な部分を損なわないこと（他の学生との公平性を保つこと），さらには高等教育機関側の過度な負担とならないこと，を満たさなければならないのは前述のとおりである。

7 | 実務上の留意点

7.1　病気なのか障害なのか

　これまでも述べてきたように，精神疾患は治療を行い，症状の改善を得て，社会復帰を行う，ということを目指しており，機能障害は消失し得る一方，永続的な障害と判断される状態を呈することもあり経過はさまざまである。それこそインフルエンザや骨折といったものと同列に考えたくなるものから，発達障害，聴覚や視覚，肢体不自由といった身体障害と同様に考えるべきものまである。どこからが"障害"にあたるのかはその時々の判断にならざるを得ないであろうが，多くの精神疾患は回復に時間を要し，高等教育機関において学ぶという貴重な期間は長くはなく，いかなる原因によるものでも本人が学ぶうえでの困難に対して配慮を要望する場合は，まずは障害としてその合理性の検討を行うべきであろう。

7.2　本人が支援を求めない

　精神疾患において，高等教育機関側として対処の難しさを感じることの1つに，疾患によっては本人に病識がなく，機能障害に伴い学業や学生生活に支障をきたしているにもかかわらず，治療も受けず，支援も希望しないということがある。障害者差別解消法上の合理的配慮の提供は，本人から配慮の要望とい

う意思表明があって，対話を介して決定していくものであり，強制するものではもちろんない。配慮までは考えないとしても，明らかに精神科的な問題が学業などに影響しているようであれば，医療機関の受診を勧めるべきである。だが，足を痛そうにしている時に「整形外科でみてもらったら」と伝えるとか，顔が赤く咳をしておりふらふらしている様子であれば「内科でみてもらったら」と声をかけることにあまりハードルは感じないが，被害妄想と思われることを訴え続けることに対して「精神科でみてもらったら」とはいいづらいのは，それこそがスティグマであろうが現実であろう。相談可能な家族がいるか，など，ケースバイケースではあろうが，例えば統合失調症であれば未治療期間が長ければ長いほど予後が不良となることが知られており，[13] 本人も困っているから何らかを訴えているわけで，医療機関や支援の利用を，本人に直接であれ家族と相談のうえであれ勧めることは本人のためになるはずである。

7.3 相談先があるということ

　繰り返しになるが，精神疾患においては，機能障害に対する授業や試験における合理的配慮もさることながら，疾患を発症したことそのものへの心配やブランクが生じたことへの焦り，クラスといった周囲環境や変化していることへの対応，など，疾患そのものの機能障害に加え，環境的負荷がかかりやすい。例えば大学生であれば，どの科目を履修すると円滑に単位が取得できそうか，といったことは，友人など周囲から情報を得ていくことも多いのが実際であり，情報弱者に陥ることが困難にさらに輪をかけることとなる。

　大学在学中に精神疾患を発症した学生にとっては，それまで配慮について聞いたことも考えたこともなかった，支援室の存在そのものも知らなかった，ということもあるかもしれない。本人自身，発症前に精神疾患へのスティグマがあったりすると，自身が罹患したことに対する受け入れがなおのこと困難となっている場合もあろう。それまで教務係への相談や，教員と直接話をする機会なども乏しかったのが，急に配慮に関する相談を行うことになったことの心細さ，ハードルの高さは想像に難くない。

　そのような状況では，相談できる場所がある，ということを知ることが安心につながる。「授業に出席できないのはサボりではなく病気のためであること

を教員に情報共有してほしい」という要望を伝えられる場があることだけでも，本人にとっては安心となることもあろう。精神疾患に突然罹患した戸惑いの中で，必要な配慮に自身でも気づかなかったりうまく表明できなかったりすることもあると思われるが，対話の中で，本人自身によって整理され，うまく言語化できるかもしれない。本人の希望する配慮が合理的配慮にあたるかあたらないかはともかく，1つひとつ対話を重ねつつ可能なこと，できないことを検討していく過程そのものも，本人にとっての"配慮"となるものと思われる。

【引用・参考文献】

1) 世界保健機構. International Statistical Classification of Diseases and Related Health Problems 2013 https://www.mhlw.go.jp/toukei/sippei/.
2) American Psychiatric Association. Diagnostic and Statistical Manual of Mental Disorders-Fifth Edition. Arlington, VA: American Psychiatric Association; 2013.
3) National Institute for Health and Care Excellence. Psychosis and schizophrenia in adults: prevention and management 2014 https://www.nice.org.uk/guidance/cg178.
4) Owen M.J., Sawa A., Mortensen P.B.: Schizophrenia. *Lancet*, 388; 86-97, 2016.
5) McIntyre R.S., Berk M., Brietzke E., et al.: Bipolar disorders. *The Lancet*, 396; 1841-1856, 2020.
6) National Institute for Health and Care Excellence. Bipolar disorder: assessment and management 2014 https://www.nice.org.uk/guidance/cg185.
7) Malhi G.S., Mann J.J.: Depression. *Lancet*, 392; 2299-2312, 2018.
8) National Institute for Health and Care Excellence. Depression in adults: recognition and management 2009 https://www.nice.org.uk/guidance/cg90.
9) National Institute for Health and Care Excellence. Social anxiety disorder: recognition, assessment and treatment 2013 https://www.nice.org.uk/guidance/cg159.
10) National Institute for Health and Care Excellence. Generalised anxiety disorder and panic disorder in adults: management 2011 https://www.nice.org.uk/guidance/cg113.
11) Penninx B.W., Pine D.S., Holmes E.A., et al.: Anxiety disorders. *Lancet*, 397; 914-927, 2021.
12) 世界保健機構　ICF 国際生活機能分類──国際障害分類改訂版　中央法規出版　2001
13) Oliver D., Davies C., Crossland G., et al.: Can We Reduce the Duration of Untreated Psychosis? A Systematic Review and Meta-Analysis of Controlled Interventional Studies. *Schizophrenia Bulletin*, 44; 1362-1372, 2018.

あとがき

　自分は元々ただの精神科医でした。今もただの精神科医です。障害学生支援の仕事に携わったのは，2014年から2017年のたったの３年間です。ですので，この本の執筆者に名前を連ねて，しかもあとがきまで書いているのはなんとも厚かましくて，お恥ずかしい気持ちです。

　この本をなんとか形にしたいなと思ったのは，2014年の自分のためです。仕事をはじめた最初の頃，「配慮」は具体例をみていればわかるのですが「合理的」という概念がよくわからなかったのです。このことになかなか応えてくれる入門書がなかったわけです。それで，法律やら基本方針やら米国の判例とか読みながら現場で試行錯誤して，自分なりに「合理的」という概念が少しわかったような気になったので形にしたくなったわけです。だから「障害学生支援入門」というタイトルは，2014年の自分へのメッセージです。

　障害学生支援はすごくエモーショナルな営みです。障害のある学生の気持ちと配慮を提供する教職員の気持ち。そこは精神科医なので非精神科医よりは少しは理解できるわけですけど。理解しているだけに「寄り添う」とか「ひどい」とか簡単には言えないのです。それぞれの気持ちには理由があるので。障害学生支援の専門家の仕事は，障害のある学生と教職員のソーシャルワークなのですけど，自分は上手に双方の気持ちを汲み取って対処するのは苦手なので，なかなか大変でした（精神科医なのに……）。

　それでも，「自分にも障害学生支援の仕事ができるかも」と思えたのは，合理的な配慮のお陰です。「配慮」については本文でも度々触れましたけど，本当に無限のバリエーションがあるのです。無限のバリエーションの中で気持ちと気持ちだけでやりとりをすると収集がつかなくなります。だけど「合理的」の範囲内でやりとりをすれば，それなりに相互理解が見えてくるようでした。論理の範囲内で気持ちをぶつけ合うことで建設的な対話が成立するのかなと。合理的な配慮は優れたツールだなと今振り返ってしみじみと思います。

　合理的な配慮は障害のある学生と教職員の双方が合理的な配慮のことを理解していないと機能しないシステムです。障害学生支援の専門家の間で話をして

いたら合理的な配慮は常識ですが，社会一般に十分に合理的な配慮の概念が浸透しているかとなると若干心配です。この本を読んだ人は，少しずつでも合理的な配慮の概念を普及させましょう。青信号で道を渡るように，やがては社会の常識になるように。

　あとがき恒例の謝辞です。感謝している人は，いっぱいいるのですが，この本に関してはあえて３人。金子書房・金子総合研究所の加藤浩平さん，共著者の中津真美さんと岡山理科大学の川島聡先生。企画が出てから数年間，自分がダラダラしている間に担当編集者の加藤さんは社内で部署が変わり，「見捨てられた，ヤバイ！」と思いましたが，最後まで見捨てずに本にしてくれました。すごい責任感です。中津さんは，自分にとっては障害学生支援の分野の師です。自分が唱える机上の空論を絶妙な実行力で具体的な支援に落とし込んでくれていました。この本もそうです。川島先生にはこの本に書かれた法律的な側面に助力をいただきました。自分は法律論の素人なので，とても安心できました。お三方にはあらためまして感謝申し上げます。

　最後に，この本に書いてあることは自分で読んでも一見難解で退屈なのですが（校正作業中に何度も寝落ちしました），よく読んで考えると当たり前，合理的（Reasonable）なことばかり書いたつもりです。とはいえ，熊谷先生が序論で「ところどころ論争的な記述もあるが」と刺激的なフレーズで表現しているので，「当たり前ではないところが結構あるかもしれない」と怯えてもいます。争うつもりはないのですが，もしも世界を正しいカタチにするために必要なことならば，ここから議論を進めたいところです。

　2021年10月

桑原　斉

著者紹介

桑原 斉（くわばら・ひとし）

担当章：第1章，第2章，第3章，第4章，第9章，第10章

埼玉医科大学病院神経精神科・心療内科教授。東京大学大学院医学系研究科脳神経医学専攻修了。博士（医学）。東京都立松沢病院，東京都立梅ヶ丘病院，東京大学医学部附属病院精神神経科，同こころの発達診療部，東京大学バリアフリー支援室，浜松医科大学精神医学講座を経て現職。専門領域は児童・青年期精神医学。主な著書に『児童・青年期の精神疾患治療ハンドブック』（編集協力・星和書店，2020），『こころの治療薬ハンドブック』（共編著・星和書店，2021），『公認心理師のための「発達障害」講義（臨床心理フロンティア）』（共編著・北大路書房，2018）がある。

中津 真美（なかつ・まみ）

担当章：第5章，第6章，第7章，第8章

東京大学バリアフリー支援室特任助教。筑波大学大学院人間総合科学研究科生涯発達科学専攻博士課程修了。博士（生涯発達科学）。青少年を対象とした福祉・教育領域の現場勤務を経て，2005年，東京大学バリアフリー支援室に入職。障害のある学生・教職員への支援のほか，全学構成員へのバリアフリーに関する理解推進のための業務に従事している。また，「聴覚障害のある親と聞こえる子ども（コーダ/CODA）の親子関係」の心理社会的発達研究にも取り組む。専門領域は，聴覚障害学，障害者支援，家族支援など。主な著書に『聴覚障害のある子どもの理解と支援』（共著・学苑社，2021）がある。

垣内 千尋（かきうち・ちひろ）

担当章：第11章

順天堂大学医学部精神医学講座准教授。精神科医。東京大学大学院医学系研究科病因病理学専攻人体病理学修了。博士（医学）。理化学研究所脳科学総合研究センター精神疾患動態研究チーム研究員，マサチューセッツ大学医学部研究員，東京都保健医療公社荏原病院精神科医員，東京大学医学部附属病院精神神経科講師，同准教授，東京大学バリアフリー支援室准教授を経て現職。専門は精神医学，分子遺伝学。

熊谷 晋一郎（くまがや・しんいちろう）

担当章：序章

東京大学先端科学技術研究センター准教授，小児科医。東京大学バリアフリー支援室長，日本発達神経科学学会理事，日本学術会議連携会員，内閣府障害者政策委員会委員。新生児仮死の後遺症で，脳性マヒに。以後車いす生活となる。東京大学医学部医学科卒業後，千葉西病院小児科，埼玉医科大学小児心臓科での勤務，東京大学大学院医学系研究科博士課程での研究生活を経て，現職。専門は小児科学，当事者研究。主な著書に，『リハビリの夜』（医学書院，2009），『発達障害当事者研究』（共著，医学書院，2008），『つながりの作法』（共著，NHK出版，2010），『みんなの当事者研究』（編著，金剛出版，2017），『当事者研究と専門知』（編著，金剛出版，2018），『当事者研究をはじめよう』（編著，金剛出版，2019），『当事者研究』（岩波書店，2020），『〈責任〉の生成』（共著，新曜社，2020）がある。

障害学生支援入門
——合理的配慮のための理論と実践

2022年5月31日　初版第1刷発行　　　　　　　　　〔検印省略〕

著　者　桑原　斉

　　　　中津　真美

　　　　垣内　千尋

　　　　熊谷　晋一郎

発行者　金子　紀子

発行所　株式会社　金子書房

〒112-0012　東京都文京区大塚3-3-7
TEL 03(3941)0111／FAX 03(3941)0163
ホームページ　https://www.kanekoshobo.co.jp
振替　00180-9-103376
印刷　藤原印刷株式会社　　製本　一色製本株式会社